U0145278

快樂幸福學

幸福學快樂

幸福學者 黃有光 著

五南圖書出版公司 印行

作者介紹

從一九七八年起陸續在學術期刊發表關於快樂問題的黃有光教授，用淺白的語言，論述如何增加快樂。本書除了討論個人如何增加快樂，也討論有關快樂的一些公共政策與學術上的問題。從凡夫俗子到研究快樂的諾貝爾獎得主，都能夠從中得益。

經常隨時隨地，包括在講課中，忽然快樂地大笑的黃有光教授，是否能夠幫助我們也增加快樂？

黃有光簡介：一九四二年出生於馬來西亞，畢業於檳城韓江中學(1961)、新加坡南洋大學(1966)、悉尼大學（經濟學博士，1971）。曾在澳大利亞Monash大學任教授(1974-2012)與終生榮譽教授（2013開始）。現任新加坡南洋理工大學經濟系Winsemius講座教授。於一九八〇年被選為澳大利亞社會科學院院士；於二〇〇七年獲得澳大利亞經濟學會最高榮譽—八傑出學者。在經濟學、哲學、生物學、心理學、社會學、數學、宇宙學等學術期刊（包括*AER, Economica, EJ, JET, JPE, RES, SCW*）發表兩百餘篇審稿論文。興趣與貢獻包括：中國經濟問題，福祉經濟學與公共政策，提創福祉生物學與綜合微觀、宏觀與全局均衡的綜觀分析，與楊小凱合作發展以現代數理方法分析古典的分工、專業化與經濟組織的新興古典經濟學。近著：《宇宙是怎樣來的？》，2011；《從諾貝爾獎得主到凡夫俗子的經濟學謬誤》，2011，復旦大學出版社。

黃有光(Yew-Kwang Ng)
新加坡南洋理工大學經濟系Winsemius講座教授
Monash大學終生榮譽教授
澳大利亞社會科學院院士
澳大利亞經濟學會二〇〇七年傑出學者

誌 謝

本書的研究與書寫部分受益於澳大利亞研究理事會資助的關於快樂與國家成功指標的研究計畫，多數章節是筆者在下述大學的經濟系工作／教學／訪問時寫出來的，特此致謝：蒙納士（Monash；中國多數譯爲莫那什之類）大學、澳門大學、西安交通大學（金禾經濟研究中心）、暨南大學、南洋理工大學。山東大學的曹曉同學與南洋理工大學的易昕與陳恩嬌同學幫忙最後的編修工作，臺灣私立淡江大學經濟學系的江莉莉博士幫助聯繫出版社，一併謝了！

二〇一四年十月十五日於南洋理工大學

自序

本書討論如何增加快樂，然而，人們是否能夠增加快樂呢？很多讀者可能認爲這問題的答案肯定是正面的，我現在去做喜歡的事、吃可口的食物，快樂馬上可以增加。短期而言，這答案明顯是對的。然而，長期而言，快樂是否能夠增加，答案就比較複雜了。甚至中了彩票大獎的人，快樂馬上大量增加，但在約兩個星期後，快樂量也回跌到接近原來的水準。

二十多年前，當時還是我的博士生的王建國（現在是北大光華管理學院教授）曾經認爲，長期而言，快樂不但不能增加，而且人人的淨快樂量都等於零，因爲痛苦量與快樂量相等。例如，你今晚酗酒而感覺很快樂，但這快樂會被明天的頭疼所抵消。當時我對這問題與王建國爭論過很多次，而且到了面紅耳赤的程度。他堅持他的看法是對的。我說，對於王建國可能是對的，但黃有光的淨快樂量肯定是正的。他還是堅持。我說，我明明知道我的快樂量大大地大於痛苦量，淨快樂肯定是正的，幾十年來都是這樣，還大量增加，你說不可能，那不是說我在說謊嗎？二十多年過去了，我的淨快樂量依然是正的，而且比當年大量增加。

對快樂能否增加的另外一個挑戰是，一些關於快樂的研究，尤其是對同卵雙胞胎的研究，認為一個人的快樂，在很大的程度上是受基因決定的（詳見本書第8章）。若然，則在基因工程用於人類本身之前（久遠之後的事），基因不變，則快樂是否就不能夠增加呢？筆者可以根據自己的人生經驗來回答這問題。

筆者雖然已經七十二歲了，幾十年來短期記憶衰退了許多，但長期記憶完全沒有衰退。在近年的講座或飯桌上聽過筆者背誦文天祥的正氣歌與王勃的滕王閣序的，應該會同意。我現在還能夠全首背誦白居易的長恨歌與琵琶行（太長，不敢在人前背），而在中學時，在老師的要求下還背不下來。我肯定清楚地記得，我二三十歲與三十多歲時的淨快樂量，大大小於五六十歲時與現在，而且現在還在快樂量的頂峰。現在的淨快樂量至少是三十歲左右時的很多倍。這證明同一個人，同樣的基因，快樂是可以長期大量增加的，而且這個增加並不是靠酗酒、吸毒與玩女人（正常夫妻關係不算玩女人）。

筆者的經驗是否與上述對同卵雙胞胎的快樂研究結論衝突呢？未必。基因可能是解釋人際快樂差異的一個主要因素，但一個人的快樂未必不能夠隨著年齡、經歷、智慧、人際關係、健康與消費水準等因素而大量增加或減少。不過，根據筆者的經驗與快樂研究的結果，消費水準在達到充分營養與舒適水準後，並不能夠繼續明顯增加快樂。

筆者快樂能夠大量增加的主要因素應該是健康與人際關係（尤其是夫妻關係）的大量改善。健康一方面是起居飲食的改進，但主要是幾十年來的身體鍛鍊。

一個人的快樂既然能夠大量增加，筆者希望讀者能夠從本書讀到大量增加快樂的方法。

筆者在馬來西亞（當時是馬來亞）出生長大，受當地的華文教育（包括北海的中華公學與檳城的韓江中學）。大學本科就讀於新加坡的南洋大學（以華語爲教學媒介語）。於一九六七年到澳大利亞讀博士，完成後，長期居住在澳大利亞，到二〇一三年初才到新加坡南洋理工大學任教。然而，四十多年來，約有十二年的時間在澳大利亞以外的地方居住（訪問／講學、開會、旅遊等），包括兩年在中國大陸，兩年在港澳，兩年在臺灣，兩年在新加坡（不包括這一兩年在新加坡的時間），兩年在美國，兩年在英國與歐洲。比較之下，對於各地人們的道德水準、友善、願意幫助他人的程度等，筆者認爲臺灣顯然位居榜首。在各個不同地區的華人社會，臺灣也是維護傳統中華文化最成功的地區。因此，筆者認爲中國大陸的道德水準問題，應該不是傳統中華文化的問題（詳見本書第12章）。

筆者第一次到臺灣是於一九九三年底訪問中央研究院經濟所幾個星期。在臺灣逗留最久的有兩次，分別是一九九八年與二〇〇〇年訪問臺大經濟系。當時臺北捷運還很少路線通車，許多地方在興建中，反而使交通不便。我們居住的地方，蚊子也特別多。臺灣的蚊子還比澳大利亞與馬來西亞的大與「聰明」，咬人特別厲害，又很難捕捉。這可能是因爲澳大利亞牛羊多，蚊子靠叮牛羊就可以生存；臺灣的蚊子主要靠叮人，如果不能夠避免人們的捕捉，很難生存。因此，進化的結果，適者才能夠生存。雖然有交通與蚊子等問題，筆者還是認爲這些因素被人情較好所抵消，甚至有考慮到臺灣長期工作與居住的想法。

筆者從一九七八年開始就在學術期刊發表關於快樂問題的文章，在經濟學者中算是先驅者（經濟學者關於快樂的第一篇文章是Easterlin 1974年的文章）。因此，筆者深知，在溫飽小康水準之後，物質條件並不是影響快樂的重要因素，性格、人品、人生取向與人際關係等更加重要（詳見本書各章節）。

筆者雖然在臺灣居住共有約兩年的時間，對臺灣也有一定的注意與瞭解，但在許多方面還不是很理解臺灣。因此，筆者不敢針對臺灣的情形論述快樂，甚至不敢用臺灣的例子。不過，筆者的論述是根據常理與快樂研究的一般結論，應該對包括臺灣在內的任何地區都有一些適用性。當然，臺灣與臺灣人民也多少有其特性，這必須留給臺灣或研究臺灣的學者去論述。然而，有如第1.2節所述，快樂因素的普世性遠遠大於其國際與文化差異。因此，本書的一般性論述，應該是有相當價值的，希望讀者不會失望。

二〇一四年十月八日於新加坡南洋理工大學經濟學系

莫言莫言可憐：代序

從二〇一二年中國國慶長假開始後的一段時間，大陸中央電視臺多天在黃金時段播放一組在街頭隨機採訪尋常百姓的鏡頭，問他們「你幸福嗎？」受訪者的即興回答展現了五花八門的幸福觀，也引發了網上熱議。筆者非常支持央視的這項活動，因爲幸福是人生最終目的，是最最重要的課題。尤其是在當今的中國大陸，早先的壓制與後來的改革開放，使現在人們太重視金錢，道德滑坡（詳見本書第12章），政府太重視GDP（國內總產量），因此對幸福的強調特別重要。筆者近年提出應該以環保負責的快樂國家指數（娥妮）替代GDP，做爲國家的成功指標（詳見第6章）。

央視記者採訪七十三歲撿破爛的老者，問他：「你老人家出來撿破爛，還有政府每月六五〇元的低保，覺得幸福嗎？」一位網友說：「作爲高智商行業的工作者，來個換位思考，捫心問下自己：如果你活到了七十多歲時，靠撿空瓶子度日，你這樣的日子會幸福嗎？何必會出現如此弱智的提問！」筆者不同意這看法。即使多數的這類老人會不幸福，未必每位這樣的老人都不幸福。

另一方面，很有錢，生活沒有問題，也未必幸福。即使剛剛獲得諾貝爾獎，也未必幸福。在獲得二〇一二年諾貝爾文學獎後不久（二〇一二年十月中），莫言在億萬觀眾面前，央視主持人董倩問，「您幸福嗎？」莫言答「我不知道，我從來不考慮這個問題」；而當董倩說「絕大多數人覺得您這個時候應該高興，應該幸福」後，莫言則回應：「幸福就是什麼都不想，一切都放下，身體健康，精神沒有任何壓力才幸福。我現在壓力很大，憂心忡忡，能幸福嗎？」

從來不考慮幸福這個問題，這是不能夠讓人相信的。可以說從來沒有研究，但肯定會考慮過。這麼答，讓人懷疑他是要避開這個問題。爲什麼呢？可能是（筆者不敢說一定是）因爲他不幸福，但要避免說不幸福，尤其是在剛剛獲得諾貝爾獎之後。其次，必須什麼都不想才能夠幸福嗎？一個人在想以前的賞心樂事，甚至在計畫將來的宏圖大志時，也多數能夠感到幸福。好可憐呀，莫言！不過，可能應該莫言莫言可憐。

目錄

第1章　快樂是什麼？關於快樂的謬誤

人人都要快樂，不要痛苦。不但不要痛苦，而且很難忍受強烈的痛苦。用拷打來逼供之所以有效（但不人道），就是因爲人們很難忍受強烈的痛苦。

既然人人都要快樂，對快樂的研究，閱讀快樂的結論，討論如何增加快樂等，對個人與社會都是很有意義的。小國不丹於一九九八年就已經開始強調快樂，並在全國大力推行快樂的四大支柱（可持續發展、環境保護、國家文化與良好的政府），大國什麼時候可以迎頭趕上呢？

雖然人人都對快樂與痛苦有最直接的體驗，但如果問：什麼是快樂？答案是千奇百怪的。甚至連專門研究快樂的專家，對快樂也有很不同的理解與定義，對快樂的看法也有很多謬誤。本章給快樂作出解釋後，會討論這些謬誤。

1.1 什麼是快樂、幸福、福祉？

筆者是研究福祉經濟學的，因此對快樂問題，尤其是與經濟的關係，向來很感興趣。習慣用法，人們傾向於使用「快樂」來指當前的快樂，而使用「幸福」來指比較長期的快樂。福祉或幸福也是比較正式的講法。給定同樣的時期，不考慮講法的正式與否，則快樂(happiness)、福祉(welfare)、和幸福(subjective well being)都是完全的同義詞。如果某人當年幾乎每天的淨快樂量（快樂量減去不快樂或痛苦量）都是很高的，也沒有很痛苦的時候，那麼他當年是很快樂的，也是很幸福的，他當年的福祉也是很高的。

順便一提，英文的快樂(happiness)與中文的幸福概念之歷史演變，有一個相像的地方。根據《牛津英文字典》(*Oxford English Dictionary*)等權威文獻（詳見Oishi 2010，第38頁），幾百年前(1530)的「happiness」的定義是「好運，幸運」，尤其是關於財富方面的。一五九一年後，開始引入「心中感受爲好」的「happiness」的第二個定義。再後來這第二個定義取代第一個定義。這與中文幸福字面上的「幸」與「福」的好運意義，以及現代「幸福」的主觀感受意義是類似的。筆者猜想，這種轉變可能是由於下述原因。幾百年前，當人們還在溫飽水平線上掙扎時，能夠在財富方面有好運，大致可以保障快樂。在溫飽之後，財富方面的好運，未必對快樂有很大的貢獻。近代由於溫飽問題逐漸解決，對快樂的用詞也隨著改變。

很多人（包括亞里斯多德）認爲「幸福」應該排除不道德的快樂。例如一個強姦犯在某天可能因爲強姦得逞而很快樂，但不能說他很幸福。筆者認爲道德的問題很重要（詳見第12章），但完全可以透過考慮對將來與對他者（不說「他人」，因爲不排除動物）的快樂影響來處理。那位強姦犯是把自己當天的快樂（說成幸福或福祉都無所謂）建築在他人更大的痛苦上（多數也是建築在他自己將來的痛苦上），因而是不道德的，是必須受譴責的。問題不在於他當天的快樂本身，而是對他者及對將來快樂的負面影響。

用道德來定義幸福或快樂，筆者認爲是因果倒置。用什麼來定義道德呢？（道德不能是一個最基本的概念，必須用其他概念來定義。）筆者用快樂來定義道德。終極而言，不道德主要就是對他者快樂的負影響。可能有人會問筆者，「那你又用什麼定義快樂？」快樂是一個基本概念，不必也不能用其他概念來定義，但可以解釋如下。

一個主體（例如一個人）的快樂是其主觀感受中感覺爲好的或正面的感受(positive affective feelings)，包括肉體上的快感與精神上的欣慰。快樂的反面是痛苦，也是包括肉體與精神上的。（所謂肉體上的快感或痛苦，實際上最終也是精神上或主觀意識的感受。強調快樂包括肉體與精神上的，主要是避免被誤會爲只包括純粹肉體上的感

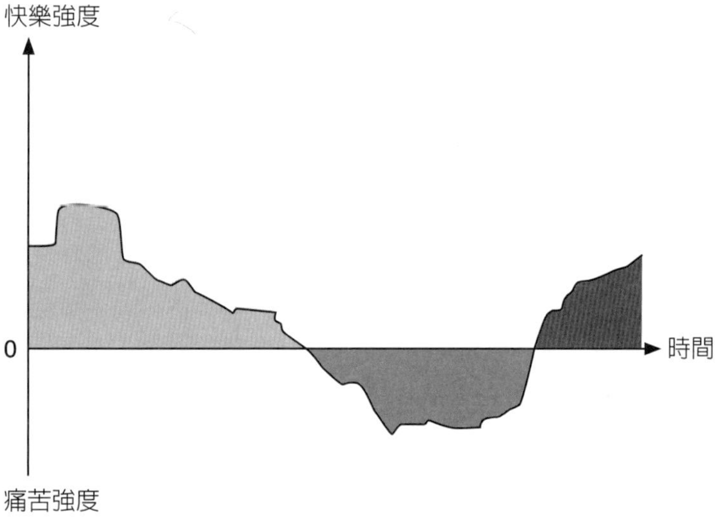

圖1.1

受。）淨快樂是快樂減去痛苦。

在任何一個時點，一個人的快樂的強度(intensity)可大可小，可正（快樂時）可負（痛苦時），多數時間可能等於或接近於零。大部分時間，一個人多數沒有快樂的感受，也沒有痛苦的感受，快樂值等於零。當他生病、受到傷害（肉體上或是感情上）或憂傷時，他的快樂就是負值。當他有感官上或是心靈上的享受時，他的快樂就是正的，而快樂或痛苦有不同的強度。在任何時段，淨快樂量是這快樂強度在這時段中的積分。如圖1.1所示，我們用橫軸代表時間，正縱軸代表正快樂的強度，負縱軸代表痛苦的強度，則快樂強度可以用一條曲線來代表。淨快樂量是透過原點（或零點）的橫軸以上的面積（等於正快樂量）減去以下的面積（等於負快樂或痛苦量）。於是，儘管存在不同類型的快樂方式，總的快樂量卻是一維的。

幾點說明。第一，快樂只包括正的或好的（快樂）與負的或不好的（痛苦）感受，不包括中性的、沒有苦樂的感受，或把這種中性的感受算爲零。例如，我現在可以看到牆壁是米色的，但如果我對這個視覺沒有正的或好的，也沒有負的或不好的感受，而且此外沒有其他感受，則此時的快樂量爲零。

第二，快樂包括所有正的或好的與負的或不好的感受，不論是肉體上或精神上的，不論是高級的或低級的，如果可以分高低的話。其實本書認爲快樂本身，除了強度不同，沒有高低之分。只有在一些另外的意義上，才有高低之分。例如，某種快樂感受，需要比較長時間的培養或訓練，才能感受到，在這個意義上可以說是比較高級的。

第三，快樂本身也沒有什麼好壞之分。爲什麼有些快樂或享樂方式被認爲是好的，有些被認爲是不好的呢？這是因爲有些享樂方式會直接或間接的（例如透過對知識或健康的影響）增加將來或他者的快樂，有些會減少將來或他者的快樂。如果沒有影響，或有同樣的影響，則不同的快樂只有強度的不同，沒有好壞的不同。

當然，不同的快樂感受，有性質上的不同。欣賞音樂的快樂感受與吃霜淇淋的快樂感受，即使在時間與強度等方面都是一樣的，它們之間有很大的主觀感受上的性質差異，即哲學家所講的不同的qualia。然而，不論是音樂還是霜淇淋，如果給予感受者同樣程度的快樂，又沒有對將來或他者的快樂有不同的影響，雖然感受不同的qualia，其快樂量是一樣的。人們一般褒揚欣賞詩詞與古典音樂或閱讀的快樂感受，而貶抑吃霜淇淋的快樂感受，有一些原因。首先，前者一般可以透過陶冶性情或增加知識而增加將來或他者的快樂，而後者一般會透過增加體重而減少將來的快樂。其次，吃霜淇淋的快樂感受不需要透過培養，人人知道，而欣賞詩詞或閱讀的快樂感受需要培養，很多人重視不夠。然而，除了對他者與對將來的快樂的影響，這些不同卻沒有影響快樂的總量。許多哲學家對這簡單的道理依然有很大的迷惑，正像他們對快樂是唯一有終極價值的東西，依然有很大的迷惑一樣（詳見第2章）。

爲什麼偏好使用「快樂」？

如果說快樂、幸福與福祉都是一樣的概念，爲什麼筆者偏好使用「快樂」？如果嚴格根據筆者所使用的意義，則使用任何三者之一都無所謂，因爲它們是完全一樣的（給定同樣的時段）。然而，其他人對這三個概念的領會是有所不同的。筆者對這三個概念的理解或定義是純粹主觀感受的，客觀因素只能透過對人們（包括現在與將來；為了敘述方便，「人們」可以包括動物）的主觀感受來影響快樂，不能夠直接影響快樂。這是（包括動物的）人本主義或福祉主義的最基本原則。多數人會接受「快樂」是這種純粹主觀感受的概念。然而，很多人認為「幸福」與「福祉」含有或應該含有一些比較客觀的東西，例如上述對於道德方面的要求。

例如，如果張三身體健康，收入豐厚，妻子美麗賢慧，孩子聽話上進等，有人就認為他是幸福的。筆者認為，這些客觀因素，只是在許多情形下，有助於使此人幸福。張三是否眞的是幸福的，要看他是否眞的能夠在其主觀感受上有高度的快樂感受。如果他天生是悲觀的，不知足的，或是後天受到某些心理傷害，使他在多數時間是痛苦的，則即使他具備能夠使大多數人得到快樂的客觀條件，他卻是不快樂的，因而也是不幸福的。

由於上述對快樂與對幸福（或福祉）在主觀與客觀要素上的理解，可能有差異，因此，使用「快樂」比較可以避免人們受錯誤的客觀主義影響，避免人們在應該針對主觀感受時，不適當地混雜一些客觀的因素。這些客觀因素並不是不重要，而是在定義快樂或幸福時是無關的。

其次，由於類似的原因，強調快樂可以避免一些濫用權力者，使用像幸福或福祉的美麗概念，去進行一些表面上宏偉的措施，而實際上並沒有眞正提高人們的快樂。

被誤導的人們，可能還接受自己是「幸福」的，雖然並不快樂。實際上，如果不快樂，絕對不能夠是幸福的！

爲什麼許多人偏好使用「幸福」？

中華文化有許多優良的東西，因此筆者非常支持恢復或加強對這些優良傳統的重視。然而，傳統中也有一些已經不合時宜的東西，其中一項是禁欲主義傾向。在人口密度高而文化教育與法治水準不夠高的情形下，某種程度的禁欲主義，可能對於維持社會安定有一些貢獻。這也可能是禁欲主義傾向傳統形成的一個原因。然而，從人民快樂的觀點，尤其是到了現在，與其依靠禁欲，不如用加強法治與提高收入分配平等與教育水準等方法來維持社會安定。

由於禁欲主義傾向的傳統，人們還有貶抑享樂的思想，把享樂主義當成洪水猛獸。其實，享樂本身是好的，應該被批判的是損人利己。鼓勵爲人民服務是對的，但最終而言，並不是「人生以服務爲目的」（孫中山語）。爲人民服務，不應該是以服務爲最終目的，而是要使人民快樂。如果服務是最終目的，則類似大陸文化大革命的情形，人人都痛苦地爲人民服務，不就是一個理想社會了嗎？經歷了文革洗禮的中國人民，更應該認識到這個謬誤。

由於禁欲主義傾向的傳統，人們對「快樂」還有所保留，因而偏好使用「幸福」。如果使用「幸福」比較容易被受傳統影響的人們所接受，未必不是一個好策略。目標針對幸福，總比針對GDP（產量）要好得多。不過，即使使用「幸福」，應該認識到「幸福」就是長期快樂，不是什麼客觀的東西。

香港中文大學政治與公共行政學系主任王紹光教授於二〇一〇年九月十七日在《21世紀經濟報》問，「什麼是好的生活」？筆者的答案很簡單，終極而言，好的生活就是能夠達到長期高度快樂（包括自己、他人、甚至動物的快樂）的生活。然而，怎樣的生活能夠達到長期高度快樂呢？這就需要很多跨學科的學者進行長期研究，以及各界人士的討論(Ng 1978)。（關於幸福與快樂的同異，動物是否有幸福感等問題，見本書附錄A，筆者與徐景安教授的討論。）

1.2 關於快樂的一些謬誤

一些通常的錯誤是認爲快樂是相對的、多維的、因人而異的。許多經濟學家與快樂研究者也認爲快樂（以及偏好或效用）只是序數可量（只能夠比較高低），不能基數衡量（不能比較差異的大小），更不能進行人際比較。這都是錯誤的！

快樂的進化生物學論

人們由於有遺傳、經歷、教育、文化等方面的不同，因而有不同的看法與偏好，在同樣的情況，可能有不同的快樂。這使人們錯誤地說快樂是相對的與因人而異的。實際上，快樂本身是絕對的與人人共同的，只是同一個因素可能對不同人的快樂有不同的影響。要明白這個道理，先問人們以及其他動物，爲什麼有痛苦與快樂的感受？

筆者於*Journal of Theoretical Biology* 1996的一篇文章中論述，比較複雜的環境（或生態位nich）有利於比較理性物種的進化(Ng 1996b)。越多與越理性物種的進化，又使環境變得更加複雜，進而又加強理性物種的進化。這個良性循環部分解釋進化的速度。

有理性的物種行爲，不是完全根據基因決定的硬性刻板模式，而至少有部分根據對當前情況有意識的判斷而見機決定。然而，如何使這些決定是符合生存與繁殖呢？進化（或上帝）的方法，是讓那些有意識的物種，也具有苦樂感受。當它們做對生存與繁殖有利的活動時，例如在饑餓時進食，溫飽之後與有生育能力的異性交配，它們就會獲得快感；當它們做對生存與繁殖不利的活動時，例如傷害身體，就會感到痛苦（關於偏好的進化，見Hansson與Stuart 1990，Robson與Samuelson 2008）。

快樂是絕對的，人人共同與單維的

由於上述進化生物學原理，苦樂不只是人人共同，甚至是跨物種共同的。當然，不同物種在苦樂的感受上，會有程度與感覺類型上的不同；沒有嗅覺的物種，不會有香臭的感受，就像盲人不能有視覺的感受一樣。然而，不同感覺類型上的感受，感受主體依然能夠單維地比較它們的大小，這樣才能夠在必須選擇時，做出對生存與繁殖最優的取捨。多數哲學家好像不知道這個基本進化生物學道理，還在爭論不同感受是否可以比較，是否有性質上的不同或品質上的高低。

一般而言，人們認爲有些感受是比較高級的，例如對詩詞或古典音樂的欣賞；有些感受是比較低級的，例如對啤酒或冰淇淋的喜愛〔例如米勒Mill（1962再版，第259頁）〕。這是由於下述或類似原因。首先，對詩詞的欣賞，多數需要經過長時間的學習，而冰淇淋連嬰兒也會吃。其次，詩詞的欣賞會加強將來的欣賞能力，而吃太多冰淇淋可能會發胖，酗酒更可能對健康與對其他人造成危害。由於這些或類似原因，人們可能認爲不同的感受有高低級之分。其實，只要適當考慮對他者與將來的影響，就不須要分高低。即使把人們的苦樂感受分類，例如分爲本能性、社會性與大我世界(we-world)性的，總快樂也能「表達於單一維度」（于席正，江莉莉2012，第977頁，

注14）。

人們經常說快樂是相對的、因人而異的。筆者認爲這是不正確的，至少是有誤導性的說法。正確的說法是，快樂是絕對的，但快樂受相對的因素影響，而且由於人們在天生稟賦、人生經驗、文化教育等方面有不同，同樣的因素或情況，對不同人可能有不同的影響，不同的人可能會喜愛不同的東西。然而，不同的人，如果感到痛苦，就是痛苦；如果感到快樂，就是快樂。在這個意義上，快樂是絕對的，人人共同的。

人們在先天與後天上的不同而造成對快樂因素的差異，也經常被誇大。實際上，不論是高人矮人，華人洋人，諾貝爾獎得主或凡夫俗子，肚子餓時吃新鮮與有營養的食物都會獲得快感，雖然有些人偏好吃鹹，有些人偏好吃辣。（實際上，這種偏好的形成，也有其諸如天氣等客觀原因。例如，氣候潮濕的地方，人們喜歡吃辣，因爲可以減少濕氣的影響。）還有，飽暖思淫欲，男子比較花心，古今中外，少有例外。數以千年，有幾個柳下惠？

有很多誇大或誤解文化差異的例子。例如：Oishi（2010，第36頁）說，「當Ed Diener到印度，問一位中年婦人對生活的滿意程度時，很驚奇地聽到這位婦人回答說『請問問我的丈夫』。顯然地，這位婦人懂得滿意程度的概念，她只是認爲她的丈夫才是能夠最準確回答這個問題的專家。在美國與歐洲國家，多數人相信他們是他們自己的幸福最好的判斷者。這個假設並不一定成立……」。其實這假設在東方社會也是大致成立的。那位婦人並不是認爲她的丈夫才是能夠最準確回答那個問題的專家，而是要避免自己回答。

在綜述許多快樂研究結論之後，資深快樂學者Veenhoven（2010a，第617頁）總結說，「這些發現符合快樂大致依賴於生活條件符合人類的普世（universal）需要的理論（可生活程度理論），並不符合快樂依賴於隨文化而改變需求的理論（比較理論），也不符合快樂是取決於隨文化而不同關於生活的看法（民俗理論）。」（參見Veenhoven 2010b）；Ott（2010a，第362頁）也發現，政府的好壞對快樂的重要性「是與文化無關的」。同樣地，Helliwell等（2010，第292、312頁）發現，「巨大的國與國之間對生活評價的差異，並不是由於偏好不同，而是由於可以確定的生活環境上不同……不是由於對什麼是良好生活的不同看法，而是由於不同國家生活上的社會、制度與經濟環境的差異」。這與Kahneman等(2010)對美國與法國城市人們快樂比較的結論也是一致的。他們發現，對生活滿意度與快樂的國際差異，並不是由於對評價過程的不同結構，而是由於不同的生活內容。

另外一個支持快樂的普世性（或普適性）與文化差異的相對不重要性的事實是，移民到不同文化地方的人們與當地人民許多差異，在一代之後就大量減少（Algan等

2010）。Esser（2006，第38頁）總結說，移民「第二代幾乎跳躍地同化……而這發現是對所有移民群體、所有年齡組、與所有時期都是穩定的」。

近年讀了一些關於苦樂情感的神經科學的論文，發現它們大大支持筆者關於快樂的普世性（人人共同），甚至是跨物種共同的觀點。（包括J. Panksepp 2011，George A. Mashour與Michael T. Alkire 2013等）這些發現證實，至少在所有的哺乳動物，很可能在所有的有脊髓動物，都有與人類類似的基本苦樂感受（這並不排除人類多數有比較複雜的感受）。對於絕大多數讀者來說，這好像根本不是什麼值得一提的發現，因爲大家都知道，貓狗肯定都有苦樂感受。然而，在科學界，尤其是在生物學、心理學與哲學，很多學者（不包括關心動物福祉者）向來都不敢承認或確認苦樂在動物界的存在。生物學者害怕被認爲犯上幼稚的擰人論(anthropomorphism)錯誤（以人論物）；心理學者受到前此多年的行爲主義或唯行爲論的影響；哲學學者受到各種懷疑主義的影響……等等，使許多學者，即使心中明明相信貓狗有苦樂感受，也不很願意在學術論文中確認。到了二年多前（二〇一二年七月七日），才出現了關於動物意識的劍橋宣言(Cambridge Declaration on Consciousness in Non-Human Animals)。

關於苦樂情感的神經科學(affective neuroscience)，透過對大腦中的苦樂感受中心的刺激，對從在被麻醉狀態下逐步甦醒時大腦不同部位功能等情形的研究，以及動物心理學、意識與自我意識研究、進化神經生物學等，得出相同的結論：

- 至少在所有的哺乳動物，很可能在所有有脊髓動物（所有被試驗的有脊髓動物都有）甚至許多其他動物，都有苦樂感受。
- 這些苦樂感受都是出現在久遠前就已經進化出來的大腦深層，而不是進化後期才出現的大腦新皮質(neocortex)。後者對苦樂感受並非必要。
- 不同物種之間以及與人類之間的各種苦樂感受，是在大腦內同樣的部位出現的(homologous)。例如，刺激享樂中心，不論是人類或各種動物都會有快感；刺激恐懼電路都會引發恐懼。

根據頂級期刊*Science*於二〇一四年六月十三日的一篇文章，連小龍蝦(crayfish)也會憂慮(Fossat 2014)。小龍蝦是無脊椎動物，也有精神上的痛苦！對於哪些動物能夠有苦樂感受，人們的看法必須大大擴大範圍了！

這些發現，大大支持筆者多年來的（常理）觀點，認為快樂是很基本的感受，有普世性與跨物種性，也是基數可量與人際可比的。這不但增加快樂研究的可行性，也應該增加我們對動物福祉的關心。

絕大多數認為快樂是多維的看法，都是把影響快樂的因素與快樂本身混淆（如Ip 2013）。即使人們同時感受快樂與痛苦時，大腦還是能夠把相反的資訊表達為一個有單一價值的好壞尺度(Davidson 1992，Kahneman 1999)。

Mogilner(2012)等發現，「年輕時，快樂多數來自興奮或激動(excitement)；不過，隨著年齡的增加，快樂多數來自感到平和(peaceful)」。Mogilner把這發現解釋爲支持「快樂意義的改變」。實際上，只是影響人們快樂的因素可能隨人而異，隨年齡而不同，並不是快樂本身或快樂意義的改變。

實際上，Mogilner等人的這項發現多數也有普世性，而這也是生物上的原因。筆者(Ng 1991)曾經論述，知識是可以累積的；年輕人由於所累積的知識還少，而且增加的知識，還有更長的時間可以使用，因此，學習對於年輕人比對老年人更加重要。在人類進化的絕大多數時間，學習不是靠學校與書本，而是靠生活中的各種經驗，尤其是有冒險性的新事件。因此，敢於冒險與學習新知識是有互補性的。於是，基因使我們在年輕時，能夠從各種冒險性活動的興奮或激動中得到很大快樂，使年輕人比較願意冒險，從而累積更多知識，有利於生存與傳播後代。年紀大之後，學習新知識的重要性減少，避免危險的重要性相對增加。因此，基因使老年人比較怕冒險，從冒險的興奮中得到的快樂大量減少，因而相對的喜歡平和感受。

筆者上述文章的一位審稿人說：「只有年輕的男性才是更愛冒險的，幾乎沒有證據顯示女性中也存在著這與年齡相關的效應。它意味著這一效應可能與性別而不是與學習更加相關，不然對於男女應該具有相同的影響。如果和學習也相關，那麼這一定是一種非常特定的學習。」儘管筆者不是有關方面的專家，但是筆者相信這一效應對男女都適用，雖然可能程度不同。年輕男性可能比年老男性和年輕女性謹慎得不多，而年輕女性也比年老的女性少謹慎些。如果這位評論者所說的這一效應（如果存在的話）適用於女性的程度很小，那麼這也可以解釋，因爲與冒險相關的學習對女性而言相對不重要。在我們進化的大部分時間裏，女性學習語言（因爲孩子更多地是從母親而不是父親那裏學習語言）和學習如何養育孩子更加重要，雖然在現代社會這一傾向的程度有所減低。這類學習與冒險的相關性較低。另一方面，對男性而言，更加重要的是學習如何捕獵動物，如何在找到食物和尋到性經歷以後回家，以及如何成功地戰勝競爭者。這些類型的學習與冒險更加相關。這位審稿人所說的特定類型的學習是很對的。如果是這樣，上一段的分析主要適用於男性。

男女之間一個很少被重視的差異是，「男人對好的味道比較確定，而女人對不好的味道比較確定」（Campbell 1973，第159頁；參見Moncrieff 1966）。這有進化生物學的原因。男人負責在外獵取與採集食物，必須對好的味道比較靈敏，才能夠更好地找到食物；女人在家裏照顧孩子，必須對不好的味道（多數對健康有害）比較靈敏，才能夠更好地保護孩子。

許多認爲快樂是多維度的，或不可以忽視快樂以外的一些重要東西的議論，都是基於沒有推論到終極的層次，因而不能夠眞正成立。例如McMahan & Estes（2011，第270頁）認爲，「幸福是多方面的，並不能用一個單一方法衡量正心理功能的一個方面來完全涵蓋」。他們提出幸福的「四個維度，包括快活(pleasure)的感受、負感受的避免、自我發展、對他者的貢獻」（第281頁）。

我們上述（第1.1節）對（淨）快樂的定義，已經扣除了負感受或痛苦，因此已經包括了上述四個維度的前兩個。自我發展，是爲了將來的快樂（可能包括自己與他者）。既然我們的快樂是要考慮長期與對他者的影響，就已經完全包括了上述四個維度。或者說，只要充分考慮對將來與對他者的影響，快樂甚至應該是單一維度的。同樣的，**Huppert & So**(2013)所說的衡量快樂的十個維度之所以可能有用，就是考慮到對將來與對他者的影響。

還有，如第1.1節所述，（淨）快樂應該是快樂扣除痛苦，而不是快樂加上「負感受的避免」或被避免的痛苦。簡單起見，不考慮對他者與對將來的影響，或假定這些影響是同樣的。考慮你生活中的一個星期中，下述兩個不同的可能情形：

A.第一天早上就牙齒痛，馬上去看牙醫，結果是，只承受一〇〇個單位的痛苦與二〇個單位的不適，就避免了整個星期可能會有的六〇〇〇個單位的牙痛。對於這個成就，你感到三〇個單位的快樂。此外，你這星期還享受其他方面二九〇個單位的快樂。根據筆者的演算法，你這星期的淨快樂等於二〇〇(-100-20+30+290=200)。根據「負感受的避免」的演算法，你這星期的快樂數以千計。

B.沒有牙痛或其他病痛，沒有避免任何負感受，但享受二九〇個單位的快樂。根據兩種演算法，快樂都是二九〇。

給你選擇，你是要A還是B的情形?當然要B!可見把「負感受的避免」當成快樂的演算法是不正確的。

雖然快樂是單維的，但在還沒有能夠獲得關於快樂的可靠資訊之前，可能必須度量多個與快樂有關的各種變數，以便間接獲得有關快樂的資訊。或因這個原因，Stiglitz等(2009)建議多維的度量。

快樂才有價值，基因的傳播本身沒有價值

痛苦本身是負快樂，快樂扣除痛苦之後才是淨快樂。然而，這並不表示痛苦是沒有用處的。例如燒傷或燙傷的痛苦使我們避免傷害的延續，並減少將來被同樣傷害的可能性。不過，那個痛苦感受本身是負快樂。Nes（2010，第375頁）說，「快樂與

不快樂不是目的，而是手段，相當可能是『影響我們去做有利於我們基因某方面的機能』（Nesse 2004，第1337頁）。」不是相當可能，而是肯定是。我們感受到快樂與痛苦，肯定使我們去做有利於生存與傳宗接代的事，例如肚子餓時吃東西，飽暖思淫欲等；並且使我們避免會危害我們生存的危險。這段引言的問題是沒有認識到，沒有感受基因的傳播本身並沒有（終極）價值；有感受的個體（人與某些動物等）的快樂感受才有價值。如果基因大量傳播的結果是大量的痛苦，淨快樂是很大的負值，而且這情形永遠不能改變，則不如世界毀滅，把淨快樂量從極大的負值變成零。

在介紹*Journal of Happiness Studies*關於「優秀心靈」(eudaimon)的幸福觀的特輯中，Deci & Ryan（2008，第2頁）說，「幸福，與其說是一個結果或終點狀況，不如說是實現一個人的優秀心靈或眞正性質的過程」。如果我們的「眞正性質」是指生存與傳宗接代，則這引言的錯誤，就是上一段所批評的，即對沒有感受的基因與有感受的我們之間的混淆。如果我們的「眞正性質」是指某些美德（像從亞里斯多德到Waterman所要求的），則這引言的錯誤在於對快樂（這是對人，因此也對社會有價值的）與道德之間的混淆。一個有非常高尚德行的人，可能由於病痛而非常不快樂；一個非常快樂的人可能是一個危害他人的無恥之徒。雖然他的快樂本身是有價值的，他對他人造成的負快樂卻多數大很多倍。只要我們考慮對將來與對他者的影響，終極而言，並不需要超越快樂（詳見第2章）。

1.3 快樂的衡量完全不可靠？反主觀論的謬誤

關於快樂的問題，心理學者與社會學者有比較長期的關注。雖然經濟學者Easterlin於一九七四年就發表談快樂問題的文章，但直到最近一、二十年，才有較多的經濟學者在經濟學期刊發表文章分析快樂的問題。此前，許多經濟學者或忽視快樂問題，認爲不屬於他們的範圍，或認爲快樂不能衡量，不能分析，甚至輕視討論快樂問題的學者，不信任快樂研究的結論。這種傾向，人們在國際會議喝茶聊天時、在研討會討論時，經常可以感受到。然而，由於大家幾乎都接受這種看法，很少人在文章與書本中加以討論。

筆者曾經遇過一個類似的情形。約二十多年前，一位心理學學生要收集有關經濟學者對於高收入對福祉正影響的文獻，但她找來找去都找不到。結果她問筆者，「是否所有的經濟學者都認爲比較高的收入並不能增加福祉？」我對她說，「實際上，絕大多數經濟學者認爲高收入提高福祉。但這被認爲是理所當然的，所以沒有人去寫。那些極少數有不同看法的，才有討論這個問題，所以使你得出與事實相反的看法。」不過，還是有一些用白紙黑字寫下反對快樂研究的經濟學者，包括在中國鼎鼎大名的張五常。

張教授的確是天才。約三十年前左右，我讀了他評論中國問題的文章後（當時還未謀面），就寫信向趙紫陽總理推薦他（雖然人微言輕，未有作用），可見我對他的佩服。張教授在一九八五年二月就在香港《信報》上發表了震撼人心的「沒有兄弟姐妹的社會」一文，質疑「獨子女政策」。於二〇〇〇年三月十六日在香港《壹週刊》又發表「天倫之樂」一文。此文也不乏令人拍案叫絕的論述，例如：「我也可以肯定，無論中國將來怎樣富有……若不取消『一家一孩』的政策，『快樂指數』就乏善可陳。……就是中國數十年後變爲世界第一經濟強國，沒有天倫之樂又有什麼意思呢？」雖然反對者可以說這言之過份，天倫之樂最多減少，不會完全沒有，但這觀點的確令人三思。不過本節並非要談人口問題，而是要從張教授文中主次論點的對立談到反主觀論的錯誤。當然，這裏所謂反主觀論不是指反對主觀偏見。

以張五常之矛，攻張五常之盾，可乎？

顧題思義，張文的主要論點是在強調天倫之樂的重要，從而質疑「獨子女政策」。但在文章前半，張教授卻大談快樂指數，認爲「快樂的調查很無聊，沒有什麼意思。……從一般生活水準而論，印度肯定不及中國，而把印度的『快樂』排在英國

（排第七）之上，眞的是莫名其妙了」。張文的這個次要論點可以說和其主要論點是相互對立的。其主要論點強調，若沒有天倫之樂，經濟強國與高生活水準並沒有用，因爲人們不會快樂。倘若如此，則快樂應該是非常重要的，爲何關於快樂的調查會很無聊呢？這可能是因爲張教授認爲快樂的調查不可靠。不過，難道張教授不同意凱因斯與J. Tukey等都強調過的：「給對的問題一個近似與模糊的答案，遠勝於給錯誤的問題一個精確的答案！」

其實快樂的調查並不是很不可靠。心理與社會學者通常所用的「非常快樂」、「快樂」、「不快樂」等概念，人際可比性雖然不高，但還是有相當的可靠性。不同的快樂衡量之間的相關性很大，與親友的意見一致，與心跳、腦電波等也一致（詳見D. Kahneman等 1999, Layard 2005）。

其次，張教授既然認爲單單經濟強國與高生活水準並不能保證人們會快樂，那麼他爲何可以肯定，英國因爲生活水準比印度高，就一定會在快樂水準上也高於印度？印度的快樂水準比英國高的結論可能是不對的，但卻不能只根據生活水準來得出這個結論，尤其是對於那些認爲經濟強國與高生活水準並不能保證人們會快樂者。根據學者的研究，經濟水準只能解釋快樂水準差異的2％（詳見Diener等 1993）。印度可能在宗教信仰、人生觀、人際關係（包括天倫之樂）等（都和快樂有很大的相關）有優勢，但還未能肯定。筆者的結論是，我們應該對快樂的衡量與比較影響快樂的因素等重要問題進行大量的研究，以便使我們對這人生的終極目標有較多的認識，而不是說這種調查研究是無聊的。

對於那些還不能夠接受對快樂衡量的經濟學者，筆者還有一個撒手鐧。請經濟學者看看自己的後院。最重要的經濟變數是國民或國內總產量，用了許多年，而且受到全世界所有國家的所有人重視。但是這個變數的衡量是否很可靠？約二十多年前，來了一個購買力平價調整，使中國的總產量（相對美國）增加四倍，印度的增加六倍。這是因爲當時一美元在美國的購買力，只有一個人民幣在中國的購買力的兩倍多，而不是當時的匯率的倍數（一美元等於八元多人民幣）。一個國家的平均快樂指數可能需要調整，但筆者相信永遠不需要做四或六倍的調整。經濟學者們多年來所用的最重要變數的衡量，比快樂指數還更加有問題，怎麼可以不接受快樂指數呢？

經濟學者反主觀論的偏見

像張五常教授這樣的天才，爲什麼會有相互對立的觀點呢？我猜想是由於下述心理因素。筆者大膽，又不是什麼心理專家，竟敢對張教授進行心理分析。先向張教授道一百個歉，並誠實地說明，並非要針對張教授個人，而是因爲這種心理在經濟學界有很大的代表性。我這個膽子，一方面是受了張教授本人的鼓勵。在《經濟學消息報》（二〇〇〇年二、三月）上讀過張教授的文章，知道他在認識到他最崇拜的兩位經濟學家之一的科斯（Coase，另一位是佛里德曼Friedman）之錯誤時會公開討論，估計他不是不能接受公開商榷的人。

爲了使經濟學看起來更科學一些，許多經濟學者把除了序數偏好之外的任何主觀概念（尤其是赤裸裸的「快樂」）都排除於經濟學之外。張教授受過很好的芝加哥學派的薰陶，反主觀論的影響可能很深，因而對快樂的研究有看法。不過，張教授畢竟有極高的智慧，因而認識到天倫之樂的重要，知道單有經濟強國與高生活水準並不能保證人們會快樂。

主觀概念的必要性

學問至少可分爲幾種。一種是包括數學在內的純論理（邏輯）分析；一種是對事物（包括人本身甚至人腦、心理等）的實證研究；還有一種是對人生、社會、國家及世界的規範性探討。後一種涉及行爲、政策、措施的好壞，可以說不屬於科學的範圍，卻不能說不是一種學問。

經濟學包括上述三種。給定某些假定，可以推論出一些結論，這屬於論理分析。

對實際經濟（包括現況、歷史與展望）的研究屬於實證分析。對政策（廣義，包括措施、制度等）的建議與評價，屬於規範（或稱爲倫範）分析。後一種分析，通常都採用前一或兩種分析的結論爲指導。但前一種分析一般不用後一種分析的結論，雖然在問題與假定的選擇上會受到影響。

一個學者可以只從事論理或/實證研究而不涉及政策，但當他或他人把結論應用於政策建議或評價時，則一定要涉及好壞的標準。鄧小平在這方面給了我們很好的指導，他的標準是三個有利於：生產力、人民生活、綜合國力。這個標準非常實際、重要與有概括性。不過，我們可以進一步說，提高生產力是爲了將來的人民生活與綜合國力，綜合國力是爲了確保人民生活。那人民生活是爲了什麼呢？是爲了快樂（詳見第2章）。快樂是一種主觀感受。因此，至少終極而言，非探討主觀感受不可。

反主觀論違反機會成本理論

不論是在經濟或非經濟領域，最終的規範標準都是快樂或福祉，至少是某種主觀感受。有人認爲在經濟領域有比較客觀的標準，例如經濟價值可以用產量或成本。其實這種看法是站不住腳的。

爲完成計畫而取得高產量，但若在田裏或工廠中爛掉，是否也有很高的價值？顯然的，能提高福祉才是眞正有價值的。

任何東西的成本，是爲了擁有它而必須犧牲的最好選擇。一斤八元的蘋果對你的成本是八元，因爲買了這一斤蘋果使你少了八元購買其他東西的能力。要多賺這錢則必須多付出勞動時間。勞動時間是一種成本，因爲它減少了勞動者能用在從事其他事務（包括閒暇）及可能增加其辛苦或減少其健康等。使用一塊土地的成本是減少了其他有用物品的生產。有多少用？最終還是必須根據對苦樂的影響。因此，歸根到底，任何成本實際上是效用或快樂的犧牲。因此，不能說可以根據產量與成本，就能不談主觀概念。

當只影響一個人或對多人的影響的方向都一樣（都改善或都變壞）時，或可以只根據序數偏好。但許多社會措施往往對一些人有利而對他人不利，合理的決策就必須根據基數效用（或福祉）的人際比較。否定這種比較，而又認爲能回答政策問題，就是自欺欺人。例如大家同意中國大陸應該繼續完成改革，但這可能非使極少數人（包括濫用權力者）損失不可。沒有得失的人際比較，如何可說應該改革呢？〔不過，筆者關於「一元就是一元」的理論，減少必須進行效用的人際比較的範圍。在具體問題上只根據效益，在收入分配問題上則必須有人際比較。詳見黃有光(2011a)〕

張教授也大貶福祉經濟學，說：「搞了好幾十年，進一步退三步，到後來全軍盡沒」。這只能適用於想不用基數效用（或福祉）的人際比較，就能得出對政策的評價標準的反主觀論者。在其他方面，福祉經濟學有很重要的貢獻。例如一九九六年得諾貝爾獎的Mirrlees，他的得獎作品就是用了基數效用的人際比較（關於快樂的衡量與比較，見本書第4章）。

第2章 快樂應是人人與公共政策的終極目的[1]

快樂是絕大多數人的終極目的，是一個極重要的問題，但人們對它的關心與研究非常不足，尤其是經濟學者。不過，近十多年來，已經有許多經濟學者研究快樂問題，也有許多研究快樂問題的文章在一流經濟學期刊發表。對此，筆者感到很欣慰，因爲筆者認爲，快樂不但是人人的終極目的，也是唯一理性的終極目的。因此，快樂也應該是（但未必是）所有經濟政策與其他公共政策的唯一終極目的。對這道理的認識與推廣，有助於大量減少無謂的痛苦，有助於避免應該最終爲快樂服務的道德、原則、法律、主義等，被野心家與局部利益團體或個人所利用，而違背大多數人的長期快樂。

筆者認爲本章所述要義，是倫理哲學的最基本要點。倫理哲學家如果能夠深入認

1 本章取材自黃有光(2008)。

識這要點，就可以避免許多不必要與低層次的爭論。

2.1 快樂是唯一的理性終極目的

國內研究快樂問題的先行者陳惠雄博士說，多年前他寫快樂論時，有人批評說，「我們應該講吃苦，不應該講快樂！」尤其對年輕人，強調能吃苦的精神是對的。這種精神，也能減少困難所帶來的痛苦。但是，最終而言，吃苦是爲了將來的快樂或他者的快樂，才有意義，才有價值。（不說「他人」，因爲不排除動物甚至上帝的快樂。）若爲吃苦而吃苦，何必呢？若人生一定永遠痛苦大於快樂，我寧可世界毀滅！

追求快樂並沒有不好，損人利己才是不道德。有一首民歌說，「我們努力地工作，是爲了幸福的生活。」什麼是幸福的生活呢？幸福的生活，就是快樂的生活！

快樂是一種主觀感受，是我們直接感到好的，因而快樂是我們的終極目的。工作爲了賺錢（也可以是爲了他人的快樂），賺錢爲了消費，消費爲了快樂。快樂不爲其他任何東西；快樂是終極目的。快樂也能使我們健康(Norton 2008)與工作得更好(Oswald等 2014)。但健康與更好的工作，最終也是爲了（自己或他者的）快樂。

在批評快樂經濟學的一篇文章中，Barrotta（2008，第151頁）用Freud的例子：Freud寧可忍受很大的痛苦，不願意吃止痛藥，因爲他要保持頭腦的清醒。如果保持頭腦的清醒能夠直接或間接地增加將來自己或他者的快樂，則Freud的偏好，並沒有違反快樂的原則。如果保持頭腦的清醒或其他類似的要素（自由、自主等），並不能夠增加自己或他者任何時候的快樂，則選擇痛苦的清醒是否是理性的呢？如果不能夠增加將來或他者的快樂，與其痛苦的清醒，筆者寧可死亡。

Benjamin等（2012，第2085頁）發現，「人們的主觀幸福感(subjective well being)與人們的選擇83％的情形是符合的」。也就是說，在83％的選擇中，人們是選擇那項主觀幸福感最大的。其實，這個百分比應該更大得多。在一些情形，人們選擇主觀幸福感比較小而收入比較大的選項，但這很可能是由於較多的收入被認爲可能增加將來自己或家人的快樂。Benjamin等人的主要問題（第2087頁）並沒有排除這個可能性。

大多數人都要得到快樂，快樂是終極目的，這是無可爭議的（參見Diener 2000）。但本書進一步認爲，快樂是唯一的理性終極目的，任何其他目的，終極而言，都應該是爲了得到快樂。這是比較有爭議性的，但卻是在規範或倫理意義上是正確的。

例如鄧小平強調的「三個有利」的標準，筆者是非常支持的。這個標準非常實際、重要且具有概括性。不過，我們可以進一步說，提高生產力是爲了將來的人民生活與綜合國力，綜合國力是爲了確保人民生活。那人民生活是爲了什麼呢？是爲了快樂。因此，終極而言，只有快樂一項。

可能有人會認爲，除了快樂，還有其他許多重要的東西，例如自由、民主、人權、主權、正義、愛情、自尊、自我實現等。甚至可以說，這些東西比快樂更加重要。這種看法，有正確的一面。爲了短期或個人或少數人的快樂，而犧牲例如國家的主權，大多會減少多數人將來的快樂。在這個意義上說，國家的主權或其他的重要原則或事項，比短期的快樂更加重要。不過，它們之所以更加重要，就在於增加多數人將來的快樂。因此，終極而言，事實上，就只有快樂一項而已。

可能有人認爲，像自由、民主、人權等重大原則，是有超越快樂的內在重要性的，對它們的堅持，即使減少快樂，也是值得的。這種看法，也有正確的一面。個人或集體，往往爲了短期利益，而犧牲重大原則，對所有人長期而言，往往是得不償失的。爲了避免這種失誤，而在實際或政治層面強調重大原則的重要性與絕對性，應該是有需要的。然而，這並不否定，在倫理哲學或道德的終極層面，所有的原則，終極而言，應該是爲快樂服務的。

「一女不事二夫」的貞操觀

爲了看清上述倫理眞諦，考慮中國古代對「一女不事二夫」的貞操觀。當時人們普遍認爲，即使丈夫去世，甚至只是拜了堂而還未圓房，也不應該再嫁。而且認爲這種貞操原則，是有超越快樂的內在重要性的，對它們的堅持，即使減少長期快樂，即使造成重大痛苦，也是值得的。這種貞操觀，實際上在中國古代眞的造成難以估計的重大痛苦。因而，經過長期的苦難之後，這種貞操觀，逐漸被人們拋棄。在這方面的貢獻，包括許多小說家對這種貞操觀的批判。

不要以爲，像「一女不事二夫」的貞操觀對快樂所造成的重大危害，只是古代人們的愚蠢所造成，現代是不會出現這種事情的。實際上，即使是現代，即使是現在，甚至是將來，許多重大原則（包括民族主義）經常被人們利用來從事對大多數人造成重大危害的勾當。

生命是絕對神聖的？

舉一個例子，考慮人們向來所認爲的「生命是神聖的」這觀點。以筆者所知，這種觀點，在西方社會，尤其是信基督教的人們及修讀醫科的學生中特別強烈。本書並不認爲，「生命是神聖的」觀點，沒有其正確的一面，其錯誤在於把這原則絕對化，及與快樂分裂開來。

多年前，筆者曾經與一位正在修讀醫科的學生討論及生命神聖性的問題。他斬釘截鐵地說，「生命是絕對神聖的。當一個人有生命的危險時，我們必須不計任何犧牲，竭盡可能地挽救他的生命。」筆者說，「如果資源有限，例如你只有一千顆藥丸，而今天有一個重病垂亡者，非得吃完所有這一千顆藥丸不能確保其性命。然而，明天將會有一千個初患者，每人吃一顆藥丸，就能挽救性命。那你是要在今天救這個重病垂亡者，還是等明天救一千個人呢？」他還是斬釘截鐵地說，「今天就必須救這個重病垂亡者，因爲生命是絕對神聖的！」

對醫科學生強調生命的神聖性，有其正面作用，可以增加醫生對治病救人的重視，減少草菅人命的不負責任行爲。然而，生命之所以重要，就在於它能使人們享受快樂。你害死一個人，就使他不能享受快樂。如果我活著，肯定是在受苦，也不能對他者的快樂有所貢獻，那麼我寧可死亡，或未曾出生。

盲目強調生命的絕對神聖性，不但可能會，而是已經造成，並且將繼續製造大量的苦難。有許多患了絕症的病人，已經幾乎完全沒有希望，卻在經受巨大的痛苦。有些甚至是求生不得，求死不能。然而，由於幾乎所有國家的法律都禁止安樂死，醫生與親友也不能幫助他們早日脫離苦海。

筆者的一個目擊經驗

筆者在這方面有一個目擊的經驗。我的前同事楊小凱，對分工的經濟理論有特殊的貢獻，不幸於二〇〇一年九月被診斷爲晚期肺癌，並於二〇〇四年七月七日逝世。在他逝世前約兩個星期，我到他家看他時，他三次對我說，最大願望是儘早去見上帝，因爲非常痛苦。（小凱約於二〇〇二年時皈依基督教）老實說，我也是受了生命神聖的思想、道德與法律的影響，不然當時應該勸小凱說，既然非常痛苦，又已經沒有希望救治，對家人也是一個重大負擔，爲何不服食安眠藥，早日脫離苦海，早日去見上帝呢？敢於這樣勸其朋友的人，我會非常敬重他！

通常我們會鼓勵人們，即使有重大困難，要勇敢地活下去。托爾斯泰也叫人們要熱愛生活，即使是在受苦的時候。一般上這是對的，因爲這種精神能夠減少痛苦，而且希望能夠克服困難，將來會得到快樂，或對他人（包括在科技、藝術、社會、親情等方面）作出貢獻。然而，像小凱的情形，已經是萬無一望，何必多受幾個月的巨大痛苦呢？像這種情形，很多很有理性的人們，爲何不能選擇提早結束生命的理性途徑呢？

	下雨	不下雨
帶傘	11	12
不帶傘	2	13

預期效用／快樂

第一，由於進化上的原因，幾乎每個人都有過度怕死的基因。適當程度的怕死，不但減少無謂的死亡風險，也增加預期效用／快樂，因而是符合理性的。當有不確定性時，理性的行爲或偏好是把預期效用極大化。如果肯定會下雨，帶雨傘是理性的；如果肯定不會下雨，不帶雨傘是理性的。如果不肯定，應該把預期效用極大化。假定各種情況的效用有如上述。

像上述情形，如果不下雨，帶傘（比起不帶傘）所造成的效用損失（帶傘的累贅）等於1；如果下雨，不帶傘（比起帶傘）所造成的效用損失等於9，因此，只要有超過一成(10%)的下雨機會，帶傘就比不帶傘好。例如下雨的機會是二成；不下雨的機會是八成，則帶傘的預期效用是：$(11\times0.2)+(12\times0.8)=11.8$；不帶傘的預期效用是：$(2\times0.2)+(13\times0.8)=10.8$；帶傘的預期效用比不帶傘的預期效用高。

什麼是效用？一個人的效用反映或代表他的偏好達致的程度。既然快樂是終極目的，如果不考慮對他者的影響，也不考慮資訊不足夠的情形，則理性的偏好應該就是把快樂極大化。在這簡單的情形，效用與快樂就可以通用。

當有不確定性時，理性的行爲或偏好是把預期快樂（或福祉）極大化（詳見拙作Ng 1984）。因此，所謂過度的怕死，就是怕死到減少預期效用／快樂的程度。例如，倘若冒一點危險就能大量增加快樂，卻也不敢冒險，則是過度的怕死。爲什麼人們有這種過度的怕死的偏好呢？

一個人的偏好，既受先天遺傳因素（基因）的影響，也受後天教化的影響。這就是所謂nature與nurture。過度怕死的傾向，主要大概是先天的作用。遺傳因素是靠自然選擇演化而來的。有助於生存與傳宗接代的因素被保存下來。因此，基因所極大化的是生存與傳宗接代上的適生性(fitness)，而非預期效用或快樂。過度怕死的偏好（如果不是過度得太過度），有助於生存。因此，雖然過度怕死的傾向會減少預期快樂，也會被傳播（詳見拙作Ng 1995）。

幫助脫離苦海，勝造三級浮屠

不能否定，有些情形，例如當一個人面對重大困擾，或心情非常憂鬱時，可能會不恰當地選擇自殺。由於死了就不能復生，我們應該勸人們不要輕易選擇結束生命，而要設法克服困難。然而，如果面對像不治之症那樣不可克服的困難，預期快樂肯定是巨大的負數，選擇結束生命是理性的。而且，由於多數人有過度怕死的傾向，當一個人不是一時衝動，而是冷靜思慮後，決定結束生命時，絕大多數情形是繼續生存的預期快樂是非常大的負數，也就是繼續生存將會經受大量的痛苦。像這種情形，十有八九是應該選擇結束生命而沒有這麼選擇，很少是不應該選擇結束生命而選擇自殺。

當一個人理性的選擇結束生命，而求死不能時，幫助他脫離苦海，至少勝造三級浮屠。當然，我們必須有適當的法律，防止居心不良的人，爲了自己的利益（例如遺產），而使他人早日歸天。不過，筆者肯定，全世界幾乎所有國家的法律，在處理安樂死的問題上，絕對失之太嚴，使許多應該早日安樂死的人們，繼續經受巨大的痛苦。當今各國關於安樂死的法律，及人們關於生命的絕對神聖性的道德觀，造成許多無謂的痛苦，比起古代「一女不事二夫」的貞操觀所造成的苦難，不遑多讓，甚至有過之而無不及！

現在可能有很多人很難理解，爲什麼古代的人們會這麼愚蠢，爲什麼會持有「一女不事二夫」的貞操觀。筆者相信，幾百年後，也很可能將會有很多人難以理解，爲什麼21世紀的人們會這麼愚蠢，爲什麼會持有「生命是絕對神聖的」道德觀，爲什麼會容忍那些嚴厲處罰幫助無望的垂亡病人早日脫離苦海的勇敢醫生的法律？爲什麼孰讀正氣歌的人們（包括筆者），會不敢勸他們的無望的垂亡朋友，選擇早日脫離苦海的理性決策？

後之視今，亦尤今之視昔。在我們譏笑古人的愚蠢之前，是否應該反省我們自己的愚蠢與懦弱？

2.2 道德原則與公共政策最終應爲快樂服務

如果我們認識到，不顧造成大量痛苦，堅持像「一女不事二夫」的貞操觀是非常愚蠢的，就應該認識到，任何道德、原則（像上述民主、自由、人權）、法律、政策等，最終都是應該爲快樂服務的。因此，沒有任何原則（無論多麼重大），是有超越快樂內在重要性的。一個原則之所以重要，最終而言，就在於其對快樂的貢獻。因此，筆者認爲，快樂是唯一的理性終極目的，任何其他目的，終極而言都應該是爲了快樂。這個觀點，雖然比較有爭議性，但在倫理意義上卻是正確的。

其實本書進一步認爲，千百年來（至少從亞里斯多德開始），倫理哲學家們的最大錯誤，就在於沒有明確的認識到，終極而言，快樂是唯一有價值的東西。在這個終極價值的問題上，人類的倫理哲學到19世紀的效用主義者（像邊沁等人），已經達到頂峰。其後的論爭，甚至包括效用主義者的米勒，都是在走下坡路，都是在倒退。

〔Moore（1962，第80頁）就認爲米勒的觀點自我矛盾。〕這當然不否定在個別問題上，在把效用主義應用到具體問題上，後來的倫理哲學家們有一定的貢獻。例如普林斯頓大學哲學家Peter Singer，在把效用主義應用到現代的一些具體倫理問題上，尤其是關於動物的福祉，有重要的貢獻〔見其*Animal Liberation*, *Practical Ethics*二書。Singer多年前在Monash大學，曾和筆者合寫過幾篇倫理哲學的文章〕。

也不能否定非效用主義的學者，在實用倫理哲學問題上也有所貢獻。例如諾貝爾經濟學獎得主森(Amartya Sen)強調窮人或不幸人們生活能力與功能的重要（見Sen 1985，Muffels & Heady 2013，與*Journal of Socio-Economics*, June 2010, vol. 39, iss. 3），其論點被聯合國機構所重視。不過，在倫理道德的終極問題上，他和我的觀點不同。我同意照顧窮人、人權等的重要，但認爲終極而言是爲了快樂。我們曾經在期刊上（見筆者Ng與Sen在*Economic Journal* 1981上的文章）與口頭上爭論過幾次，彼此沒有說服對方。我與Amartya（森）的論爭，甚至間接在我和森的大弟子Prasanta Pattanaik之間進行。最後，Prasanta對我說，「每次我和Amartya談論這問題時，就認爲Amartya對；而每次我和你談論這問題時，就認爲你對！」

如果我們把亞里斯多德的「優秀心靈論」（eudaimon；要求幸福必須符合道德）當成是生活或行爲的指導，則這可能是很好的。但是，如果是作爲終極價值的標準，則是錯誤的。如上所述，應該用快樂來定義道德，不是用道德來定義快樂或幸福。其次，不論是優秀心靈、自我實現、自由、自主……等等，如果實現到來的最終結果是，淨快樂是一個巨大的負值，是絕大多數人痛苦多於快樂，則這肯定不是好的。

快樂與痛苦是每個人（甚至是每個有苦樂感受的動物）所能直接感受到的。因此，認為快樂是有正價值的，痛苦是有負價值的，是顯而易見的。最膚淺與狹窄的觀點是，一個人只看到自己的與眼前的快樂，沒有看到將來的與他者的快樂。因此，認為快樂是終極目的，甚至是唯一的終極目的，可以是一種膚淺與狹窄的觀點。如果比較深入分析，就會認識到，不能只看到自己與眼前的快樂，也要看到將來與他者的快樂。因此，必須重視對大眾長期快樂有貢獻的道德、原則、法律、制度等。由於像自由、民主、人權、法治等的巨大重要性，在實用或政治層面上強調它們的原則性或絕對性，以避免人們，尤其是政客們，為了私利，輕易損害重要的原則。久而久之，人們把這些應該最終為快樂服務的道德、原則、法律、制度等絕對化，把它們認為是有內在價值的東西，就像古代人們把「一女不事二夫」的貞操認為是有獨立於快樂的內在的絕對價值一樣。

對任何一個道德原則X，我們應該要問，為什麼要遵守X？如果說，必須遵守X，因為要Y，而Y不是快樂。那麼我們必須繼續問，為什麼要Y？最後必然得出，最終是爲了快樂。不必再問，爲什麼要快樂，因爲快樂的價值是每個人可以感受到（如果是自己的快樂）或體會到的（如果是他者的快樂）。因此，快樂是唯一的終極目的，是唯一具有終極價值的東西。

從最膚淺與狹窄的一己之私的快樂觀點，進行最深入的探討後（著名倫理哲學家Hare所說的critical analysis），達到快樂爲唯一的終極目的與唯一有終極價值的，所有道德、原則、法律、公共政策等，都應該最終爲快樂服務。這不但不是膚淺，而是最深入的洞見。倫理哲學家的最大錯誤就在於沒有深入到這個層次，只停留在強調道德、原則、法律等的重要性。這種強調，在實用或政治層面往往是好的，甚至是非常重要的。但在倫理哲學的最基本層面，卻是膚淺的。

如果沒有認識到，所有道德、原則、法律、政策等，都應該最終爲快樂服務，則會產生像「一女不事二夫」的貞操觀與「生命是絕對神聖」的道德與法律，造成許多人無謂的大量痛苦。其實，像民族主義、愛國主義等，都經常在世界各國被別有居心的人們利用來進行對人民不利的勾當，包括危害很大的不正義戰爭。

其次，一般上良好的道德、原則、法律等，有很多個。當不同原則之間有衝突時，如果沒有一個最終最基本的大原則（應該是快樂），則我們應該遵守哪一個呢？例如，言論自由的原則是好的，是非常重要的。同樣地，反對種族主義的原則也是好的，也是非常重要的。[2]幾年前，澳大利亞有一個電臺報告員說了一些被認爲有種族主義的話，被電臺當局處罰或警告。有人認爲言論自由，不應該處罰；有人認爲必須處罰種族主義的言論。這兩個原則都重要，何去何從？筆者認爲應該權衡兩者的相對重要性。但應該根據什麼來權衡？既然快樂是人們的終極目的，應該根據對快樂的直接與間接的長期總影響來權衡。

很多反對把快樂當成唯一具有終極價值的東西的議論，是基於對將來與對他者的影響的忽視。如果充分考慮了這些影響，則快樂應該是唯一具有終極價值的東西。例如，Hausman（2010，第336頁）說，快樂論的「一個中心問題是……把當前淨快樂極大化的政策並不能把全生淨快樂極大化，就像把一個星期的利潤極大化，並不能把十年的利潤極大化一樣」。然而，沒有任何快樂論者會認爲應該把當前淨快樂極大化的政策擺第一，當然要考慮對將來與對他者的影響！

2 順便一提，除了文化與社會的影響，種族偏見可能有人腦天賦的反應；見紐約大學心理學者Elizabeth Phelps於二〇一二年六月二十六日的研究報導：doi:10.1038/nature.2012.10886。

2.3 道德內在價值觀的由來

在道德等準則進化或發展之前，我們（那時我們可能還是猿人呢）還沒有什麼道德的準則，也沒有什麼責任、正義等概念。個人利益統帥一切，雖然這裏並不排除爲使適應能力極大化而由基因遺傳產生的「利他主義」。當人類逐漸進化，而且人類的生存越來越多地依賴高智慧和社會交往，道德情感方面的本能也得到了進化，而且它透過加強了合作而有助於人類的生存。諸如誠實等道德準則，有助於我們同自然（包括野生動物）或競爭對手作鬥爭。沒有人會否認，最初的道德進化或發展是純粹工具性的（或者增加了我們的快樂，或者強化了我們的生存能力或繁殖力），因爲起初並沒有道德存在。然後我們認識到應將道德準則作爲一個加強遵守這些準則的方式和增加快樂的途徑，並用來教育我們的孩子或學生。最終，部分（如果不是大多數的話）人逐漸透過學習和本能，認爲這些準則本身也是有價值的。像人們犯了錯就會臉紅，這種強化人們遵守承諾機制的演化，也是強化適應能力的表現；參見Frank 1987。沒有認識到快樂才是終極價值，是一種學習中產生的（如果不是由灌輸造成的）、甚或是遺傳導致的幻覺。但就筆者個人而言，會對有這種幻覺的人給予很大的尊重。他們極可能是更好的人、朋友和同事。然而幻覺畢竟是幻覺，至少在基本分析或評論層面上是如此。儘管這種幻覺（在維持道德準則方面）具有正面意義，但它也有負面作用：它延緩了應該摒棄的那些過時道德信條。

對一些道德原則如正義、平等，人們大都認爲，除了對快樂的貢獻，它們也有其內在的價值。這有進化與社會上的雙重原因（又是nature與nurture）。由於人類在很大程度上靠人際合作才能生存，因此，我們天生有能夠幫助人際合作的天生稟性，包括孟子所說的惻隱之心（同情心）與羞惡之心（正義感）。要求平等與羞惡的正義感，不但有助於人際合作，也有助於避免自己被他人欺負。近年學者發現，至少約三分之一的人，有天生的利他主義情感，幫助他人自己會感到快樂。是非之心（判斷是非的能力；這可以指認知能力，也可以指判斷道德上的正誤能力。古人比較不做這方面的辨別。因此，孟子所謂「智」，應該概括認知能力與判斷道德上正誤的能力。）當然對人際合作也有貢獻，但在非人際合作上也很重要。筆者不肯定人們是否眞的天生有恭敬之心，可能後天與害怕後果的因素比較重要，不過應該天生有「友善之心」，雖然也應該有「防備之心」，而「爲己之心」則更不必多說了。

由於我們天生有能夠幫助人際合作的上述稟性，加上父母、兄弟姐妹、同伴、學校、社會的教育與影響，使我們認爲道德原則有內在的價值。這種觀點雖然是普遍的，幾乎是人人具有的，然而卻是膚淺的。深入的倫理分析應該得出快樂才是具有終極價值的。我們的稟性無非是有助於生存與傳宗接代，而生存本身並沒有價值，因爲痛苦的生存本身是沒有價值的，因而最終應該只有快樂才有價值。

2.4 結論

終極而言，快樂是唯一理性目的，是唯一有價值的東西。因此，人人的目標，任何經濟政策與所有公共政策，所有道德原則，應該以快樂爲最終目的。認識這一倫理哲學的最基本原理，有助於避免無謂的痛苦，有助於避免野心家與私利者用美麗的主義，進行不利於大多數人快樂的勾當。不過，我們同時也必須避免野心家與私利者，用快樂或人民利益的幌子，犧牲對長期快樂更加重要的原則、法律、制度等。如何在這兩者之間進行權衡，依然應該根據長期的總快樂。一般上，重要的大原則（重要性根據對長期快樂的貢獻），例如人權、法治、言論自由等，不可以輕易違背。另一方面，如果肯定對長期快樂不利，不論多麼神聖，例如「生命是絕對神聖的」或是什麼主義等，都不應該盲目堅持，以避免犯上類似「一女不事二夫」的重大錯誤。

第3章 快樂、偏好與生活滿意度

本章討論快樂、偏好與生活滿意度(Life Satisfaction)這三個有關而不完全相同的概念，並認爲當它們之間有差異時，最終有價值的應該是快樂（參見Rajas & Veenhoven 2013）。

3.1 偏好與快樂

由於人人都要快樂或福祉，因此人們的偏好與快樂有很大的正相關與重合性。然而，有三個原因使兩者之間有差異。

首先，由於無知和不完全資訊，偏好和快樂會有所不同。一個人可以偏好X甚於Y，並且相信他在X時的境況要比在Y時好，但事實也許會恰恰相反。這就是事前估計和事後福祉之間的不同（Kahneman、Wakker和Sarin在一九九七年對決策效用和體驗效用所作的區分，部分與此同理）。福祉的事前概念可用於解釋行爲，只有事後概念才是實際的福祉或快樂。基於此，Harsanyi在一九九七年強調，應將知情偏好用作規範性用途，而不是實際的偏好。

其次，一個人的偏好不僅受他自己快樂的影響，而且受他對別人快樂考量的影響。有可能出現以下情形：一個人偏好X甚於Y，不是因爲他在X時比在Y時更快樂，而是因爲他相信別人在X時會比在Y時更快樂。的確，也許他能從別人的快樂中得到快樂。但這不一定足以抵消他捨卻Y而選擇X所遭受的損失。例如，一個人在明知Y黨執政對他更好的情況下，可能會投票支持X黨，因爲他相信，X黨執政會使大部分人的境況得到改善。這件事本身就會使他（一個情感性的利他主義者）感覺更好，並且是一種外部效應。但是，選擇X後他情感上的快樂，這種外部利益不見得能夠抵消他收入上或其他方面所遭受的損失。他選擇X也許是出於一種關注大多數人的道德義務（非情感性的利他主義）。

我們來看另一個更顯著的例子。一個人期望過一種非常快樂的生活。但當國家受到侵略時，他可能會爲了國家而自願承擔一個會肯定死亡的任務。可以想像，當亡國奴的滋味，特別是因自己沒有爲國出力而良心受到譴責的滋味並不好受。但即使在這樣的生活狀態下，他還是預期會有一個快樂的一生。然而，他選擇爲了同胞的利益而爲國捐軀。他這樣做並沒有把自己的快樂極大化（因對別人的關心而導致快樂和偏好的差異（參見Ng 1969，第43頁，1999; Sen，1973）。

有許多經濟學者沒能看到偏好與快樂之間的區別，從而斷言當某個人偏好X甚於Y時，他肯定會在X時比在Y時更快樂，至少他自己會這樣想。我完全不能理解這種觀點。顯然，父母會爲了自己的孩子犧牲自己的幸福，爲什麼人們不會爲了朋友、親戚，進而爲同胞、人類，甚至任何有苦樂感受的生命而做同樣的犧牲呢？（關於現實生活中利他主義的訪談，參見Monroe 1996，第一部分。關於眞正利他主義方面的證據的綜述，參見Hoffman 1981。其中的證據之一是，當某人成爲某一場合下唯一可以行動的人時，他就更可能會幫助別人，相反的解釋是幫助別人是出於獲得讚揚的自利動機，參見Charness & Rabin，2002。）

也許有人會懷疑，這種非情感式的眞正利他主義與達爾文的自然選擇理論不相符合。其實並沒有衝突，因爲偏好是文化和基因遺傳共同作用的結果，人類友好的特性也是在文化和基因遺傳的共同影響下演化而成，Boyd & Richerson 1985, Sober & Wilson 1998以及Bowles 2000都證明了這一點。[1]

1 進而，「人類高度發達的區分自己人和外來人的能力以及社區內文化的穩定性，極大地增強了對基因傳播特徵的群體選擇的重要性，和群體優勢特徵的進化的可行性」（參見Bowles & Gintis 2000，第1419頁）。關於對親屬利他主義的進化基礎，參見Hamilton 1964和Bergstrom 1996。

如果有些讀者對眞正的非情感利他主義的存在仍心存疑慮，那麼在下面的一個假定性選擇的例子中，我們可以證明這些讀者本人就有一定程度的非情感利他主義。假定一個魔鬼要求你在兩秒鐘內在按鈕A和B中選一個按下去。你很清楚，按不同的按鈕將發生不同的情形。在這兩秒鐘的時間裏，你只能考慮如何選擇正確的按鈕，以致按任何按鈕對你的快樂都是零。按完按鈕後，你將失去對這兩秒鐘所發生的事任何記憶，從而不會導致你會因選擇按哪一個按鈕而產生愧疚、驕傲等情感。

A：你將會進入極樂世界而獲得1,000,000萬億個單位的快樂，其他人都會被打入十八層地獄，每人的快樂都是極大的負數。

B：你將會進入次極樂世界而獲得999,999萬億個單位的快樂，其他人將過上舒適的生活而每人獲得999萬億個單位的快樂。

C：如果在兩秒鐘內你沒有按任何按鈕，大家一起進入地獄。

由上可見，選擇A會使你自己的快樂極大化，但大多數人都會出於非情感利他主義的動機選擇B。如果你仍想選擇A，我們可以將你在次極樂世界的快樂從999,999萬億個單位增加到999,999,9999萬億個單位。如果你繼續選擇A，我就不得不承認，你確實不是一個非情感的利他主義者。但你怎麼會如此狠心，忍心爲了增加一點相對微不足道的快樂而使別人進入地獄呢？（在筆者看來，非情感利他主義的存在及其程度是道德水準的最終標誌。）

第三，人們可能會有非理性的偏好。在不考慮對他者（包括任何有苦樂感受的生物）快樂的顧慮、無知或不完全資訊等因素影響其偏好的情況下，如果一個人的快樂處於Y境況下比處於X境況下要高，但他仍然偏好X甚於Y，那麼我們就將其偏好定義爲非理性的。由此定義可見，上述三個因素是導致偏好與快樂不一致的全部根源。

幾乎沒有人是完全無知和完全非理性的，但大部分人都具有某種程度的無知（或資訊不完全）和不完全理性。除了無知和對他者快樂的關心之外，還有其他的一些原因會導致偏好與快樂的不一致，這正是這裏所要討論的非理性偏好。利用生物學因素可對下面的兩個原因（二者不一定是完全相互獨立或沒有關聯的）進行解釋，至少可以解釋一部分（關於社會行爲的生物學基礎，參見Wilson 1975, Crawford & Kreps 1998）。

首先，人們有一種忽視或沒有足夠重視未來的傾向。這一點已經備受注目，包括經濟學家的研究。例如，庇古（Pigou 1929，第25頁）稱之爲「不完全的預見能力(faulty telescopic faculty)」，Ramsey（1928，第543頁）稱之爲對未來「想像的缺陷(weakness of imagination)」，Harrod（1948，第40頁）稱之爲「情感戰勝理智」。當現在的一元錢可以轉換成大於一元的未來價值，對未來的消費、收入和其他貨幣價值的折扣（貼現）是理性的。當未來的效用實現具有不確定性時，對未來的效用的折扣也是理性的（對健康的人來說，這種不確定性通常較小）。除了這些可以接受的原因之外，對未來的折扣就很可能是非理性的。這種非理性的一種表現，尤其是在西方社會，是對將來老年的儲蓄不足。這就使強制性的、高額的退休金計畫的實行成爲必要。

在一項關於如果利率升高，人們是否願意增加儲蓄的調查中，筆者曾遇到一個儲蓄不足的極端例子（參見拙作Ng 1992）。問卷假定人人都有儲蓄，因爲備選答案是願意多儲蓄百分之幾。其中一個調查對象聲稱，他完全不儲蓄。筆者將問題從「多儲蓄20％」換成了「每月多儲蓄二十元」，希望他能改變答案。但他說任何利率都不能動搖他不儲蓄的決心（我甚至提到了500%的利率）。只有當我說，「你現在儲蓄一元，明年將會變成一百萬元」時，他才願意儲蓄。當時我仔細地對他進行了審視，以確定這個看起來很健康的年輕小伙子不會因爲嚴重疾病而過早死亡。

大多數其他動物的行爲，大體上決定於先天的本能，而不是對當前的成本與未來收益的精心計算。在很大程度上（如果不是完全這樣的話），螞蟻儲存食物、松鼠埋藏松果，都是出於本能。如果有些動物會透過思慮來進行選擇，它們大多僅限於對眼前的事物進行判斷，以採取最佳的即時行動，如搏鬥或逃跑(fight or flight)。要對相當久遠的未來所可能獲得的報償進行預測，需要更強的「推理」、「想像」和「預見」等能力。慶幸的是，我們人類有此天賦。然而，由於大部分生物都缺乏這些高等能力，我們可以自然地推斷，這些能力在我們人類身上也沒有得到完全的進化，而且不同的人擁有這些能力的程度也不同，因而我們同類中相當一部分人缺乏預見力也不足爲奇。而且，「由於生物變化的可累積性——即其趨向在原有結構上進行機會主義的改進，進化論使我們相信我們的心智很可能不是一個理想的思索和推理的機器」(Ben-Ner & Putterman 2000，第95頁，Damasio 1994；參見Elster 1998)。

其次，存在著過多的享樂誘惑（特別是將來才需要支付成本的眼前享樂，這可以與上述的原因聯繫起來）和強烈的生物欲望。伴隨著靈活的生物種類（靈活生物種類是這樣定義的：其成員的行爲並不完全取決於先天的本能反應，還取決於自主的選擇）的進化，自然選擇過程透過賦予靈活的生物以有獎懲的感知系統，保證了靈活選擇與生存繁殖之間的一致。這樣，饑餓時進食以及與有生育能力的異性交媾這些有益生存繁殖的活動就被賦予了快感，而對身體的傷害等有損於生存的行動則被賦與痛感。根據筆者（Ng 1996b）的定義，靈活物種也就是有「理性」的。筆者證明，複雜的環境對理性生物的生存和繁殖更有利，這反過來使環境變得更複雜，從而形成一個使進化速度加快的良性循環。這可以部分地解釋主要由隨機變異和自然選擇引起的進化的明顯加速；不過，神造論者對此巨變的速度持懷疑態度。詳見筆者的《宇宙是怎樣來的？》（黃有光, 2011b）。

除了獎懲系統之外，我們還被賦與有利於強化適應能力的內在欲望，如交配。大體上這些強烈的誘惑和欲望的作用都是正的，使我們能夠從事於強化生存和繁殖的適應能力和增加快樂的行爲。但是，由於進化大多意味著使適生性（fitness；生存與傳宗接代的能力）極大化，而且其增加快樂的趨向僅僅間接地強化了適生性，我們的行爲和快樂之間存在著某種不一致，也是在所難免的，因爲我們的行爲並不完全取決於理性計算，而且還部分地取決於像欲望這樣的先天的意願〔參見筆者1995年發表的關於適生性與快樂極大化之間不一致的論說，特別是關於生育後代數目的觀點。另外，還有理論證明，「欲求(wanting)」或偏好和「喜愛(liking)」或快樂是由不同的腦神經系統來調節的，而且在心理上它們是可以相互分離的。換句話說，某人可能會偏好一個他並不喜愛的東西，或對略微喜愛的東西具有強烈的偏好，反之亦然。例如，能使人上癮的毒品對大腦多巴寧系統的加敏化可能會製造出強烈的「欲求」，這一欲求是遠不能用「喜愛」和減輕毒癮發作的痛苦來解釋的，類似的論述參見Berridge 1999, Linden 2011〕。

考慮一個關於強烈欲望的例子。在性欲和性快感的驅動下，青年男女經常冒著犧牲他們長期快樂的風險而發生輕率的性行爲，比如他們可能未婚先孕或患上愛滋病。導致這一結果的部分原因是無知，但其中生物欲望所起的作用也是無法否認的。

考慮一個特殊的例子。假定某人同意，當進行一個帶有風險的抉擇時，正確的決策方法應該是使預期快樂（假定對他者的快樂不產生影響）極大化，而且在大多數抉擇上他也是這麼做的。但是，當對性愛活動進行抉擇時，儘管他清楚地知道他的預期快樂在X境況下要低於Y，他卻仍選擇了X。X可能會導致他與很多人有性接觸，但他無從得知他所接觸的人是否有愛滋病（我們假定他無法獲得這些資訊）。他所以選擇能使他預期快樂降低的X，可能是出於爲了獲得更多性愛機會的生物意願。他知道這樣做可能會接觸愛滋病毒並且會降低自己的快樂。即使他擁有這些知識，但他仍因強烈的性欲而選擇了X。（這並非一個完全假設性的事例。筆者相信，至少有平均10％成年男人已經做了這樣的選擇。如果你需要更令人信服的證據，你只要看看妓女的活動頻率和婚外性行爲的頻率就足夠了。）當此人擁有所有有關資訊時，我們是否應當將他的選擇稱之爲知情偏好，或因其選擇與其利益不一致而稱之爲不知情偏好呢？

上述兩個非理性偏好的原因說明，或由於我們天賦能力的不完全，或由於有利於繁殖能力的生物偏向，我們會做出一些與我們的快樂不太一致的事。這裏的問題是，基於規範性的日的，我們應當應用快樂，還是實際的偏好或行爲？顯然，我們應當應用快樂，而非由適生性決定的行爲或偏好。

中國有句古話，叫做「不孝有三，無後爲大」。但就人類整體而言，人口的規模卻是越來越大。而且，後代的問題應當能夠用包含我們後代快樂的長期社會福祉函數來處理。如果我們選擇適生性極大化，我們就會偏好無限繁殖，而拋棄人口較少而總快樂較高的情形，即使無限繁殖會使人遭受極大的痛苦。「我們」是有感知的自我，我們最終關心的是我們的淨快樂。我們不是那些透過隨機變異和自然選擇，來先天地使我們的適生性極大化，而沒有情感的基因。和那些幾乎完全由基因和環境所控制的生物不同，我們學會了利用類似生育控制這樣的措施來改變我們的命運。對規範的問題來說，重要的是我們的快樂，而不是那些沒有感受的基因。

除了上述兩個生物性的原因之外，不完全理性還有其他原因。某人可能會執拗地堅持某種習慣、習俗、「原則」或其他類似的東西，儘管他知道這些東西對他的快樂和別人的快樂是有害的，考慮到其後果，這些東西甚至是長期有害的。慣例、規則、道德準則等都具有理性基礎，因爲它們爲人們的行爲提供了一個可能有益於社會福祉的簡約導向。如果人們在每一次決策前都要對社會福祉進行一番損益計算，這也有點太迂腐而費時了。有了這些可供遵守的慣例、規則或原則，人們就不必再勞心費神地進行損益計算了。如果這導致了與自己或別人的快樂不相符合的決策，這是在尋求好規則過程中所付出的代價。但如果環境發生了變化，在通盤考慮的情況下，再固守某一規則可能會導致持續的淨損失。某人可能會一如既往地固守這些規則而不知道它們已不再有益於社會福祉了。這樣，偏好和快樂的不一致可以追溯到無知上面。如果他心知肚明而仍然堅守這些規則，那他就是非理性的。

3.2 快樂與生活滿意度

由於幾乎人人都要快樂，一個人的生活滿意度是否高，與他是否快樂有很大的正相關。同樣的人群，快樂與生活滿意度的調查，也有很大的正相關（Zou等 2013）然而，這兩者依然不是完全一樣的。

考慮下述兩個人的一生經歷。張女士從小到大，從年輕到老年，遭受許多肉體上與精神上的苦難。辛苦工作得出的成就並沒有得到應有的承認，也使她很氣惱。然而，就在她五十歲生日車禍意外去世前一天，她獲得了諾貝爾獎。她生得辛苦，而死得快樂。李先生也是在五十歲生日車禍意外去世。然而，他卻與張女士相反，一生享盡各種肉體上與精神上的高度快樂。不過，就在他去世前一天，他得知他的升職申請沒有被通過，使他非常氣惱。他生得快樂，而死得痛苦。

張女士的一生，顯然痛苦遠遠大於快樂；李先生的一生，顯然快樂遠遠大於痛苦。可是，可能有不少人（包括一些哲學家明言）寧可做張女士，不願意做李先生。（讀者不必擔心，如果選擇來世投胎，筆者肯定不會和你爭做張女士；筆者寧可做李先生。）這有幾個原因。

第一，人們有「最後勝利」的情結。有許多事情或比賽，例如籃球賽，以最後的總積分決定勝負。即使在上半場臺灣隊遠遠落後於香港隊，下半場也多數時間落後於香港隊，但只要在最後幾秒鐘總積分超過香港隊，臺灣隊就勝利了。當然，像這種情形，人們要最後的勝利。積分的暫時領先，主要是爲了取得最後的勝利，並不是目的；最後勝利才是目的。然而，在一個人的一生中，任何時候的快樂感受都是最終目的，都有價值。理想的是，天天快樂，年年快樂，而不是百年痛苦，最後一天才快樂。當然，暫時的饑餓能夠增加進食時的快感；工作的辛苦也可能增加成功的快樂。然而，如果後來能夠達到的快樂程度是一樣的，與其先辛苦（快樂水準先-2）再快樂（後+6），不如先快樂（先+2）再快樂（後+6）。

如果上述數目不是指快樂量，而是指消費量，則未必總量多就一定比較好。例如，先消費20，後消費10，總消費量是30，但快樂量可能是先10，後-5（比前一期減少消費可能造成痛苦），總快樂量只有5。不如先消費10，後消費15，總消費量只有

25，但快樂量可能是先7，後10（比前一期增加消費可能增加快樂），總快樂量是17。

第二，由於像上述先苦後甜對快樂的貢獻，使人們可能有過度強調先苦後甜的情懷，而忽視了應該根據總快樂量來取捨，因而錯誤地偏好張女士的經歷。

第三，人們過度強調最後勝利的錯誤，可能部分是受天生的「頂峰—終結」法則(peak-end rule)所影響。當一個人經歷一段時間的痛苦或快樂感受後，他對這段時間的感受的評價，大致只根據感受最強的程度（頂峰）與終結時的感受強度的平均值，這就是學者們發現的「頂峰—終結」法則。我們之所以天生有這種傾向，大概是因爲根據這法則比較容易進行評價，而且根據生存與傳宗接代上的適生性，最重要的並不是把總快樂量極大化，而是追求快樂的頂峰（交配），與避免痛苦的頂峰（死亡的危險）。然而，這是沒有感受的基因的極大化，我們不是基因，而是有感受的人，我們應該把總淨快樂極大化。〔本書第8.2節繼續討論「頂峰—終結」法則的失誤〕

第四，人們大概有回憶上的短視的錯誤。有如上一節所述，20世紀初期與中期，有許多經濟學家，包括Pigou, Ramsey, Harrod，都認識到許多人的短視，沒有充分看到長遠的將來，因而許多國家需要採用強制性的養老金儲蓄。將來看得不夠長遠，同樣地，回想過去，也可能比較著重不久前的，而忽視比較長久之前的。這兩種短視都是錯誤。

第五，如上所述，雖然我寧可投胎為李先生，不要做張女士，然而，如果讓我替世界選擇，是要有一個李先生或是一個張女士，我會選擇張女士。張女士雖然一生痛苦遠遠的超過快樂，然而她在人類知識上的貢獻很大（不然不會得到諾貝爾獎），間接對人類的快樂應該有大量的增加，多數會遠遠的超過李先生的快樂與他對他人的貢獻。

由於上述原因，如果你偏好張女士的一生，我不會反對（但我自己還是寧可做李先生）。在張女士車禍前一刻，如果問她對一生的生活滿意度，答案可能會很高。根據調查，絕大多數人的生活滿意度與快樂有很大的正相關。然而，不能否定，有些人的生活滿意度可能受到他對他者的貢獻的影響。不過，理性而言，對他者的貢獻，終極而言，應該是對快樂的貢獻。因此，為了他者，人們的偏好和生活滿意度可能和他自己的快樂偏離，然而，至少是理性與終極而言，這種偏離，或是因為無知與資訊不夠（因而不是原則上要偏離），或是為了他者的快樂。如果不是為了他者，而有意選擇減少自己快樂的選擇、生活等，筆者認為是不理性的（詳見上文第3.1節）。

再舉一個例子，考慮一個一萬人的社會，假定每個人都認為終極而言，只有快樂才是有價值的。不過，他們並不是純粹的利己主義者，也顧及他人的快樂。這是符合進化論的。由於人類是群居打獵謀生的，增加人們的合群性的基因會得到傳播。約十年前，甚至使人們從助人而獲得快感的基因（可惜並非人人擁有）也被發現了。(Bachner-Melman等 2005)當然，基因的作用並不否定教養與社會的重要影響。

這一萬個人，每人都從事對他人有利的事。然而，由於資訊不足與一些倒楣因素，使這一萬個人痛苦大大多於快樂。如果問他們是否快樂，每個人都會說不快樂。不過，如果問他們對生活是否滿意，每個人都會說相當滿意，因爲他們認爲雖然自己並不快樂，但卻對社會作出了相當的貢獻。對社會的貢獻，使自己的快樂增加，但卻不足於抵消自己其他方面的痛苦，因而淨快樂還是負的。

例如，這一萬人中的某甲認爲，他的社會貢獻使所有其他9999個人的快樂人人增加十個單位，總貢獻是99990。這使他的淨快樂從負1000增加到負300。雖然他的生活是痛苦的，但他認爲是值得的，自己承擔300個單位的淨痛苦，增加他人的快樂99990，三百多倍，值！因此，問他的生活滿意度，他會說相當、甚至很滿意。如果這某甲是有代表性的，一萬人大都、甚至人人如此，人人不快樂，而人人的生活滿意度很高，這是否是一個好結果呢？人人認爲快樂才有終極價值，對他人的貢獻最終也是在於增加快樂。因此，既然人人痛苦，這結果應該是不幸的。因此，當快樂與生活滿意度由於利他主義、資訊與倒楣等因素而背離時，看生活滿意度很可能有很大的誤導性。既然快樂才是有終極價值的，應該看快樂。

第4章　快樂的衡量與比較

如上所述，經濟學者到近一、二十年，才比較關注對快樂問題的研究。以前對快樂問題的忽視，部分是由於衡量與人際比較的困難。本章論述快樂是基數可量與人際可比的，並提出一些能夠提高快樂衡量的可靠性與人際可比性的一些方法。

4.1 快樂是基數可量與人際可比的

心理與社會學者對快樂的測度，通常根據人們對自己的評分，例如給自己在0到10分之間選一個分數，選「非常快樂」、「快樂」、或「不快樂」等。用這種方法得出來的快樂指數，人際可比性不高，但還是有相當的可靠性，例如與親友的意見一致，與心跳、腦電圖等也一致，和生活中的好事壞事也一致，不是一起學習的人得出的結果也相當類似。例如，幾乎所有研究都得出就業、婚姻、信仰、外向型、樂於助人等因素與快樂有顯著的正相關。老話「助人爲快樂之本」是正確的；越重視金錢等外在條件的人越不快樂。(Aknin等 2013, Kasser & Ryan 1993, 1996, 1998；Nickerson等 2003, Richins等 1992, Ryan等1999, Stutzer & Frey 2004, Wright & Larsen 1993)培根說過「如果你把快樂告訴一個朋友，你將得到兩個快樂，而如果你把憂愁向一個朋友傾訴，你將被分掉一半的憂愁」（《幸福書》第321頁）。

經濟學者對快樂與基數效用的偏見

很多經濟學者對快樂研究的結果不信任，因爲一般來說經濟學者不信任人們的口，只信任他們的錢包；不信任人們所說的，只信任他們願意花自己的錢支付的。這看法有一定的道理，但也不應該絕對化。近十多年來，已經有越來越多的經濟學者重視快樂的研究。例如Di Tella與MacCulloch在*Journal of Economic Perspectives* 2006上討論快樂資料在經濟學上的應用的文章中說，「快樂調查得出有意義的、反映眞正效用的結果」。

傳統經濟學不但忽視快樂問題，而且認爲代表偏好的效用，也只有序數可量性，而沒有基數可量性（只能比較不同選項在偏好上的高低，不能夠比較偏好差異的大小）。這是由於許多經濟問題，不必考慮基數效用。只要知道一個人對不同消費組合的排序（偏好的高低比較）及其消費預算，就能夠推導出其對消費品的需求函數（在各個價格下的需求量）。因此，如果我們要只分析物品的價格、需求量、交易量等客觀變數，並不需要知道人們的基數效用。基數效用不但包含偏好高低的資訊，也包含偏好差異強度的資訊。

許多經濟學者，由於不研究需要基數效用的社會選擇與最優人口等問題，基於奧卡姆剃刀(Occam's Razor)原理（不必要的假設應該去除），把基數效用抽象掉了，並進一步認爲效用以及快樂（若不考慮無知、對他者的關心與無理性，兩者是一樣的），就只能夠進行序數或高低的比較而已，並不能夠進行差異強度的比較。

許多經濟學者對基數效用持有完全否定的態度。例如，當代基本經濟學課本的始祖，也是最被廣泛使用的課本（在一九九七年時就已經賣了幾百萬冊，翻譯成超過四十多種文字），從一九四八到二〇一〇出版了十九個版本，由諾貝爾獎得主薩繆爾森撰寫的《經濟學》一書，斬釘截鐵地說，「現在經濟學者一般都拒絕一個基數與可衡量的效用的概念」（Samuelson & Nordhaus, 2010, 第89頁）。注意，這裏說的是「拒絕」，而不只是「抽象掉」，也不只限於消費理論。

另外一本課本說，「你與我都不能夠衡量一個消費者從一個物品所能夠獲得的效用量……今天，沒有人眞正相信我們能夠衡量效用單位」（Miller，2011，第416、437頁）。有，至少有一個人眞正相信；此人就是筆者！

一本被廣泛採用，出版過八個版本的中級微觀經濟學課本在多次版本中都說，「我們怎麼能知道一個人是否雙倍地喜歡一組物品（比起另外一組）。你怎麼能知道你是否雙倍地喜歡一組物品（比起另外一組）。可能可以提出各種定義這任務的方法：我雙倍喜歡如果我願意爲了獲得它而跑雙倍的距離，或等待雙倍的時間，……沒有一種方法是特別令人信服的解釋」（Varian 2010, 第57, 58頁）。

有特別令人信服的基數效用的解釋。這就是人們認爲有最終價值的東西。如果抽象掉對他者的影響，筆者認爲有最終價值的東西就是自己的淨快樂（享受減除痛苦，包括肉體與精神方面）（詳見第2章）。根據進化生物學，以及從日常經驗與調查研究，筆者相信他並不是一個特例，而是有代表性的。既然對於自己而言，最重要的是淨快樂，它就是特別令人信服的，能夠解釋基數效用的東西。

有些學者認爲，即使快樂（或效用）是可以差距或間距(interval)衡量的，也不是能夠比例(ratio)衡量的，只是半基數，不是全基數可量的，因爲缺乏一個零點。在發明溫度計之前，很多人認爲溫度只能夠比較高低，不能夠基數衡量。發明溫度計後，人們知道溫度的差距也是可以比較的，因而是可以間距衡量的。然而，人們依然認爲溫度不能夠比例衡量，因爲沒有一個自然的零點。眾人所知，華氏與攝氏採用不同的零點。然而，凱爾文(Kelvin)採用絕對溫度後，人們知道溫度也有一個自然的零點（當分子完全不做布朗運動時），凱氏絕對溫度是比例可量的！

什麼是零快樂呢？對於一個時點，如果你沒有感覺快樂，也沒有感覺不快樂，你在那時點的快樂就等於0。對於一個時段（例如一年），如果你的快樂感差不多等於痛苦感，你在那個時段的（淨）快樂就等於或接近於0。實際上，當人們的快樂感與痛苦感差不多相互抵消時，人們多數選用中點（例如從0到10中，選5）來表達自己的快樂水準。因此，比較淨苦樂感(affect balance)與主觀幸福感的評分，Kristoffersen（2010，第116頁）得出結論，「這結果支持黃氏的零點假設」。

包括經濟學者在內的一些快樂研究者，一方面強調快樂只能序數衡量，不能夠基數衡量與人際比較，但在同一篇文章，卻又對快樂的資料進行必須是可以基數衡量與人際比較才有意義的分析（如Clark等 2005）。

並不是所有的經濟學者都認爲效用不能夠基數衡量與人際比較。例如，一九九六年經濟學諾貝爾獎得主莫里斯(James Mirrlees)的得獎文章(Mirrlees 1971)，以及此文提及的許多應用與拓展者，不但應用了人際可比的基數效用，還用了效用主義的社會福祉函數。不過，多數經濟學者還對效用的基數可量性有所懷疑，尤其認爲效用的人際比較是不可能的。

效用的人際不可比較性的偏見

經濟學者認爲效用的人際不可比較性有很長的歷史，至少可以追溯到Robbins(1932，1938)及更早前的Wicksteed。他們強調每一個人的心都是不可知的(inscrutable)，效用的人均比較是完全沒有客觀根據的價值判斷。這種看法雖然也有一些根據，所謂「知人知面不知心」，但顯然是極端的。根據這觀點，當你的孩子傷心地在哭時，你不能夠說他傷心地在哭，只可以說他流淚、喊叫；是否傷心，是不可知的。他人之心，雖然很難完全知悉，但也不是完全不可知（詳見筆者（黃有光2011b）關於「子非魚，安知魚之樂」的論述）。

其次，效用的人際比較本身，並沒有直接的規範性的涵義。例如，說選擇甲選項（比起乙選項）會使張三的效用增加的程度，大於使李四的效用減少的程度，並不表示社會應該選擇甲。要得出這個規範性的結論，還須要基於「社會的選擇應該把總效用極大化」之類的規範性判斷。如果所根據的規範性判斷是要把總效用極小化，或把效用最低者的效用極大化，上述人際效用比較可能蘊含社會應該選擇乙。因此，效用的人際比較不是價值判斷，最多只是關於事實（雖然這事實是人們的主觀效用）的主觀判斷。這種正確的方法論上的觀點，在有關經濟問題上關於事實的主觀判斷方面，增加經濟學者所可以扮演的角色。如果把它們歸爲價值判斷，則經濟學者也沒有比他人有比較專業性的作用（詳見拙作Ng 1972）。

每人心中有一個靈魂？

第三，人際效用比較的不可能性是基於每人心中有一個靈魂的觀點（不過，靈魂的存在也未必完全排除效用的人際可比性）。達爾文進化論與神經學等方面的進展，尤其是有關大腦的分割試驗，強烈支持（雖然並沒有證明）心靈的唯物主義（生物與神經元）基礎。這使效用的人際比較至少在原則上是可能的，雖然在實際比較上還不能達到很準確的程度。

如果心理狀態是完全由大腦狀態決定的，則每個人的快樂，作爲一種心理狀態，原則上是可以被他人透過對其大腦狀態的觀察而看到的。不同人之間的心理狀態也可以透過對他們的大腦狀態來比較。例如，如果痛苦的感覺就是大腦內的C類神經纖維的放電(firing)，則我們就可以透過觀察C纖維的放電，而比較不同人之間的痛苦。近年來，對人們快樂的研究，已經有採用對大腦有關部位的觀察來進行。

我們的大腦分爲兩個半球，中間由胼胝體連接。在對有些癲癇病例的治療中會切斷胼胝體，以斷絕兩個大腦半球之間的資訊溝通，減少癲癇的發作。左半球是控制右側身體的，它在語言能力上占優勢；右半球擅長於涉及到空間視覺的活動，雖然它具有一定的語言理解能力，但是不能夠進行口頭表達。選一個大腦被分割爲兩半的人作爲試驗對象，然後給他的左手（左手的神經信號是送到右腦的）一個小的物體，比如說茶匙，然後問他左手中拿著什麼，他會回答說「什麼也沒有」或者「我不知道」，這是因爲負責講話的左腦沒有收到來自左手的任何神經信號，而右腦又沒有說話的能力。但是，如果給他看一副畫著包括茶匙在內的各種東西的圖片，右腦就會指揮左手，指出剛才所拿著的東西是茶匙。有一次，實驗者把一副裸體女人的圖片給一個年輕女人的右腦看，她咯咯地笑，並顯示出羞澀和尷尬。但是當問她爲何笑時，她卻回答說：「這部機器很好笑」。顯然，笑是由右腦指揮的，而給出口頭答案的左腦並不知道笑的原因，只是在爲剛才的笑，試圖找一個似乎合理的原因而已。

上述分隔大腦的現象，似乎顯示一個人有兩個而不僅僅是一個心靈。至少是在大腦左右半球被分隔開的時候，一個人有兩個心靈。一個著名的神經生理學家、諾貝爾生理學獎得主Sir John Eccles認爲只有左腦具有意識，而右腦只是一部自動機器而已(Eccles 1973)。然而，實在無法想像自動機器怎麼會笑，並且會覺得尷尬，還會透過手指來回答問題。而且一些關於右腦具有自我意識的證據，使Eccles的論點更加站不住腳。當向試驗對象的右腦提問「你是誰？」的時候，他能夠從字母表裏選出字母，拼出自己的名字。由於意識是自我意識的前提，如果自動機器沒有意識的話，是不可能具有自我意識的。因此，不能否認人的左右腦，至少在分隔的時候，是各自具有意識和自我認知的，也就是具有心靈的。但是，我們也不必像Puccetti(1981，1993)那樣走極端，相信即使不分隔左右腦，每個人的大腦裏仍然有兩個獨立的意識〔Nagel（1979，第11章）對於在分隔和不分隔左右腦的情況下，判斷一個人是有一個還是兩個意識的問題，做了深入的討論〕。

心靈在正常的情況下是一個統一的整體，但是透過僅僅切斷兩個腦半球之間的通訊，就可以把一個人的心靈分割爲兩個，那麼很難不同意心靈僅僅是物質性的大腦的某種屬性，這對唯物主義是一個很強而有力的支持。也可以進一步指出，如果把兩個人的大腦用類似胼胝體的東西連接起來，這兩個人的心靈就可以靈犀相通（不只是一點通）。你就可以感覺到我的刀傷的痛苦，我也可以享受到你吃冰淇淋的快感！快樂的人際比較，就會差不多是百分之百！

經濟學者相互矛盾？

如果筆者的判斷是對的，絕大多數（尤其是東方的）經濟學者在本體論上是相信唯物主義的，而大多數經濟學者又認爲快樂與效用是不能夠進行人際比較的，甚至在原則上就是這樣的。根據上述議論，多數經濟學者的這兩種觀點，嚴格的說，在深層次上，是相互矛盾的（請參見第3章關於反主觀論者不能夠根據產量與成本，而不必使用主觀概念，因爲成本最後也必須依據人們的快樂或效用犧牲的論述）。

其實，即使是在科技達到可以透過對大腦的觀察來進行快樂或效用的人際比較之前，這種人際比較就已經是可能的。不但是原則上可能，實際上也是可能的，雖然還有很多困難。不但是實際上可能的，也是實際上已經被進行過的。

實際上，每個人，包括那些認爲快樂與效用在原則上就是不能夠進行人際比較的經濟學者，都在日常生活上進行快樂與效用的人際比較！當我們說，張三比李四幸福時；或者說某人天生多愁善感時；當我們決定是要到夫人喜歡的泰國餐館或先生喜歡的越南餐館時……等等，我們都經常作快樂與效用的人際比較，雖然這種比較未必正確，然而我們對股票會上漲或下跌的判斷，也往往並不正確。

尤其是現在選擇、將來才會出現結果的選項，很難確定快樂或偏好的程度，或偏好差異的程度應該是多少。然而，這是資訊不足的問題，不是效用的序數性或基數性的問題。例如，筆者也經常很難確定，上課與給分數時，是應該對學生嚴格一些，使學生誠惶誠恐地用功多讀書，以提高全世界都一樣在快速下降的大學與研究生水準（主要是因爲讀大學本科與研究生的比例在快速上升），還是應該放鬆一些，減輕學生的負擔。因此，連偏好的排序都很難確定。又如，如果兩個杯子的形狀不同，杯中的水量相差不超過一成，我們用肉眼也很難分辨出哪一個杯子的水比較多。然而，這困難並不表示，水的體積不是基數可量的。同樣的，我們對不同選項的偏好、效用或快樂的衡量或比較的困難，並不表示效用或快樂不是基數可量的。

考慮下述三個選項：

甲，現狀；

乙，現狀加上被普通一隻小螞蟻咬一口；

丙，現狀加上被拋進滾沸的水池裏。

如果效用只是序數的，則你只能夠說，甲比乙好，乙比丙好；你並不能說，乙比丙好的程度（不論是以效用計或以快樂計）大於甲比乙好的程度。然而，我可以斬釘截鐵地說，在我的情形，乙比丙好的程度至少數以百萬倍計地大於甲比乙好的程度。而且，雖然我不是你，我也能夠99.99%確信，在你的情形，乙比丙好的程度至少數以萬倍計地大於甲比乙好的程度。更進一步，我也能夠99％確信，在我的情形乙比丙好的程度，至少數以千倍計地大於在你的情形甲比乙好的程度。

對，這是快樂或效用的人際比較，是經濟學大師Robbins教授認爲是非科學的價值判斷。然而筆者上述基數效用與人際快樂比較，卻是牢固地基於基本進化生物學原理的。被普通一隻小螞蟻咬一口，對一個正常人適生性的影響，是微乎其微的。因此，其所造成的痛苦，也是微小的。被拋進滾沸的水池裏，很可能使那人死亡。因此，其所造成的痛苦，是巨大無比的，那人也必定會儘量避免。因此，乙與丙之間的快樂差異，至少應該是甲與乙之間的差異的幾萬倍，甚至是幾百萬倍或更多。快樂肯定是基數可量的！

對，人際之間可能有相當大的差異，然而幾乎可以肯定不會是幾百幾千倍。因此，我也能夠99％確信，在我的情形，乙比丙好的程度至少數以千倍計地大於在你的情形裏甲比乙好的程度。快樂也是人際可比的！

4.2 如何提高快樂衡量的可靠性與人際可比性

心理與社會學者對快樂的測度，通常根據人們對自己的評分，例如給自己在0到10分之間選一個分數，或選「非常快樂」、「相當快樂」、「不很快樂」、「不快樂」等。用這種方法得出來的快樂指數，人際可比性不高（關於快樂的連續性衡量，見Kalmijn 2013）。例如「不很快樂」這項，可以指淨快樂是正數，也可以是負數。華文學校通常以60分（滿分爲100）爲及格，因此很可能當淨快樂等於0左右時，給自己的快樂打6分（滿分爲10）。西方學校通常以50分爲及格，因此很可能當淨快樂等於0左右時，給自己的快樂打5分。因此，爲了避免這種不可比性，一個非常簡單，非常容易使用的，能夠大量增加快樂衡量的可靠性與可比性的方法，就是把淨快樂等於0的快樂分數定好，例如5。如果是使用文字敘述，則應該避免淨快樂量可正可負的諸如「不很快樂」的選項，而使用例如「快樂大於痛苦」、「快樂與痛苦大致相等」。這樣，就可以得出甲國的人民淨快樂爲負的百分比大於乙國之類比較客觀的比較。

如何進行人際基數快樂比較？

如上所述，我們的大腦分成左右兩半，但由於中間有腦神經連接，我們正常情形感覺心靈是獨一的。然而，左右腦被分割的病人，左右腦各有分別獨立的主觀意識中心，互不溝通。既然用腦神經連接，就能夠把兩個心靈連接爲一個，則如果用高科技（現在還沒有）把你的大腦與我的大腦連接，則我可以感受你的快樂，你也可以感受我的傷痛。人際快樂比較可以變成完美的！

在科技達到這麼高的水準之前，人際快樂比較依然是可能的。不過，現在人們所用快樂指數的可比性，即使用了上述確定淨快樂爲0時的分數，也還並不是很高。可能你對自己的快樂打7分，我對自己的快樂打9分，但實際上可能你比我更快樂。有方法可以克服快樂指數的人際不可比性。埃奇沃思(Edgeworth 1881)認爲，最小剛好可以感知的快樂量，是人人一樣的，並認爲這是不可證明，但顯而易見的公理。筆者(Ng 1975)用更加非接受不可的公理，於*Review of Economic Studies*，把埃奇沃思的公理，證明爲一個定理，並且進一步證明，社會應該極大化的是所有人快樂等權總和（效用主義的總和定理）。〔更早前，邊沁（Bentham 1973，第85頁）也已經提到這最小剛好可以感知的快樂量，是每天經驗中可以感受到的，並以一個單位來表示。〕

於*Social Indicators Research*，筆者(Ng 1996a)用上述最小可感知的快樂爲單位，得出人際、時際與國際可比的快樂衡量法，或有助於進一步提高快樂衡量的可靠性與可比性。周海歐(Zhou 2012)把這方法與Kahneman的每日重組方法結合。在澳大利亞研究理事會的資助下，筆者與博士後研究員梁捷，正在對這人際可比的基數快樂的衡量，進行優化與簡化，希望能夠得到更加廣泛的應用。這方法比較複雜。筆者建議國家統計局採用雙重方法，對人數多的大樣本用傳統的簡單方法，再從大樣本中抽取小樣本，用人際可比的複雜方法，再比較兩種樣本的結果，就能用較小成本，得出人際可比的快樂指數。

由於幾乎所有現有的快樂資料都是難以進行人際比較的，我們對快樂調查研究的結果，必須像對天氣預報一樣，既不能完全不看，也不能完全相信。例如，中國農民比城市居民快樂（見第5章的討論），不是不可能，但也可能是農民的（淨）快樂是200（假定是人際可比的基數快樂）時，就自認爲很快樂，而城市居民的快樂是300時，只自認爲相當快樂。又如，說現在人們的快樂與一百年前的差不多一樣，也不是不可能，但也可能是一個世紀前，人們的快樂平均是200，認爲快樂水準是70分（100分爲滿分）；現在人們的快樂平均是300，也只認爲快樂水準是70分。快樂增加50%，但卻沒有在自我報告的快樂水準上反映出來。因此，如何獲得比較可靠與人際可比的快樂指數，使我們比較能夠從快樂的調查研究的成果中，獲得更有用的知識，是迫不及待的。

調查快樂，而不是生活滿意度

如第3章所述，當快樂與生活滿意度（或偏好之類）有差異時，我們要的應該是快樂，應該是快樂才是有終極價值的。因此，雖然對生活滿意度的調查與認識可能也有重要工具上的意義（例如維持社會和諧，而增加長期快樂），但更加重要的是快樂。現在我們要討論的是，從增加衡量的可靠性來說，用快樂也比用生活滿意度更好。更加確切地說是，有一個使快樂與生活滿意度等衡量不很可靠的原因，對於生活滿意度所造成的問題更大。

考量快樂研究所發現的一個重要結論：那些有長時間快樂調查的國家，例如美國與日本，六、七十年來的快樂或生活滿意度的指數沒有明顯的長期變化。用0分代表生活滿意度最低，用10分代表生活滿意度最高。如果某個國家的指數長期維持在例如7左右，我們可以說此國的人民的快樂，沒有長期的明顯改變嗎？未必。有可能，五十年前，人們不但對消費與收入等比較客觀的東西要求比較低，也對主觀快樂量要求比較低。假定我們可以用一個人際可比的淨快樂量（詳見本章前半部）。假定五十年前，一個人平均的淨快樂量是700個單位，而對自己的生活滿意度打7分。現在一個人平均的淨快樂量加倍到1400個單位，但因爲要求提高，也對自己的生活滿意度打7分。若然，則一個不變的生活滿意度指數，可能蘊藏著淨快樂量的成倍提高（關於這種標準的改變與有關問題的討論，見Hagerty 2003與Diener & Lucas 2001）。

對於現在經常使用中的絕大多數調查方法，包括0-10或0-100的自我打分的方法，即使用快樂、幸福等概念，上述問題也存在。例如，可能現在的人們，如果淨快樂量在1000與1200之間，多數會認爲自己「相當快樂」，而五十年前，有同樣淨快樂量的人們多數會認爲自己「非常快樂」。然而，如果使用「生活滿意度」，這問題多數會更加嚴重，因爲「滿意度」本身就是相對於預期的實現程度。

爲了說明問題，考慮一個筆者最瞭解的人，我自己。簡單起見，不考慮對他者的影響。如果問我現在的生活滿意感與快樂水準，我會對兩者都打9分（滿分爲10），並選擇「非常快樂」。如果現在叫我對四十年前的我打分，我會給當時的快樂打6分，但給當時的生活滿意感打8分。由於是同一個人，又有很好的長期記憶（還能夠背誦一百二十句的七言詩〈長恨歌〉與八十八句的〈琵琶行〉；但短期記憶力減少了許多），我可以對我現在與四十年前的快樂與生活滿意感的水準進行基數比較。我很肯定我現在的（淨）快樂至少是四十年前的四倍。（即使我的記憶不是很可靠，但把這倍數改爲三或五並不會影響下面的議論）。把5分認爲是淨快樂等於0的水準，對四十年前的快樂打6分，而對現在的快樂打9分，反映淨快樂的幾倍增加。雖然我現在的生活滿意感也比四十年前明顯地增加，但肯定沒有成倍地增加，更不必說是三～四倍！

快樂增加三倍，而生活滿意感只增加一些，主要原因是，四十年前我對生活也相當滿意。雖然當時的快樂不超過現在的四分之一，但當時還認爲相當快樂，而且「未經滄海易爲水」，還沒有經歷過更高許多的快樂水準，當時對生活還很滿意，8分是合適的。生活滿意感只從8分增加到現在的9分，顯然沒有充分反映快樂水準的三或四倍的增加。

我現在對四十年前的快樂打6分，對生活滿意感打8分。但如果當時問我，大概當時的我會對快樂與生活滿意感都打8分（至少是7分）。我現在對當時的快樂只打6分，是因爲已經經歷了幾倍高的快樂水準，比起現在的9分的快樂，當時的快樂不能夠算是8分了，只能打6分。如果把我四十年前的（淨）快樂量標準化爲100，現在的快樂爲400。假設到二〇二五年時，我的快樂會跌回到100。到時如果問我，我大概會給二〇二五年的快樂與生活滿意感都只打6分。同樣100單位的快樂水準，在一九七五年時讓我報告8分的快樂與生活滿意感，在經歷了現在幾倍高的快樂水準後，到二〇二五年時，只能讓我打6分。

還有一個更加重要的比較。如果我到二〇二〇年的快樂水準會是150，到時我大概會給快樂與生活滿意感打6.5分。更加重要的比較是，如果讓我選擇下述X與Y兩個選項，我會如何選擇？

- X。一個像我四十年前的生活，享受100個單位的快樂，自認爲快樂與生活滿意感都是8分。
- Y。一個像我到二〇二〇年時的生活，享受150個單位的快樂，自認爲快樂與生活滿意感都是6.5分。

我會毫無猶豫地選擇Y，因爲快樂量比X多50%（150相對X的100），雖然Y的生活滿意感比較低（6.5相對X的8）。在Y時的比較低的生活滿意感，應該會使快樂減少，然而這個作用應該已經反映在Y的150個單位的快樂中，因爲這數字是反映Y的總體淨快樂量，包括對生活滿意感的感受。因此，筆者認爲，至少在終極價值層面，應該用快樂指數，而不是生活滿意感指數（關於快樂是唯一終極價值，見第2章）。

在上述筆者本人的例子中，快樂與生活滿意感在同一時間是同一個數字，例如四十年前都是8，而現在都是9。然而，這兩個指數在同時間對同一個人是不相等的情形是完全可能的。考慮一個假設，不過很可能的例子。一個相當快樂（快樂量等於100）而很有野心的年輕人，可能對自己的快樂打7分，而對生活滿意感只打6分，因爲他的許多想取得的成就都還沒有實現。二十年後，他經歷了許多實際生活的問題，變得比較實際了，也看到了他人的許多苦難。他的快樂量從100減少到50。他很可能給自己的快樂打6分，而給生活滿意感打7分。雖然快樂減少50%，但生活滿意感增加，因爲他的野心、要求或預期已經比較低了。

在此，筆者向讀者提出一個重要問題：假定對他者沒有不同的影響，如果你有機會生活像上述主角完全同樣（不但客觀情況相同，主觀感受也完全一樣）的一個時期，你是要他年輕時候的生活，還是要他中年時候的生活？前者是快樂比較高而生活滿意感比較低；後者是快樂比較低而生活滿意感比較高。筆者肯定選前者，而且相信絕大多數有理性的讀者也會選擇前者。快樂才是眞正的終極價值！

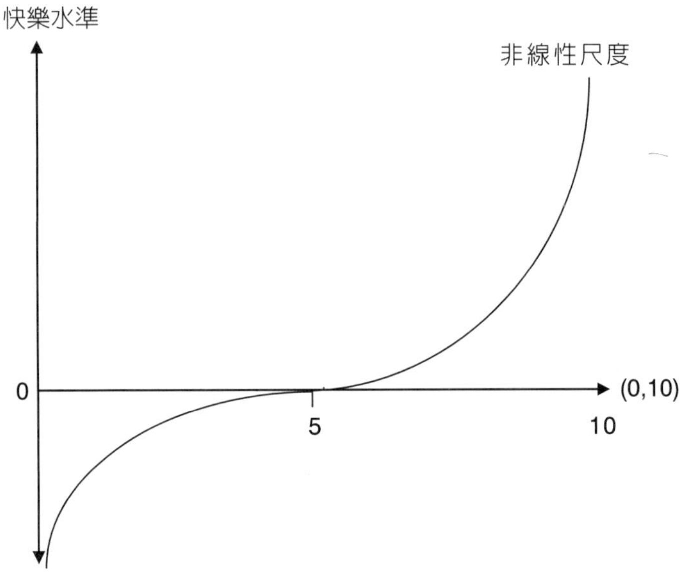

圖4.1

還有另外一個問題。如上所述，我現在給自己的快樂打9分。假定五年之後，我的快樂量增加到成爲現在的兩倍。到時，讓我給自己的快樂打分，我不能夠說是18分，因爲10分已經是滿分。我大概會打9.5分，以保留更加快樂的可能的空間。從年輕時的6分增加到現在的9分，快樂量是從100增加300到400。快樂再增加400到800，分數只增加0.5到9.5分。這問題不是快樂或生活滿意感的概念的問題，而是打分的範圍侷限於0到10分的方法的問題。在這個侷限下，人們給自己的快樂或生活滿意感打分時，多數會使用在普通數位與對數（相當於用來衡量地震強度的Richter尺度，每增加一個單位或數位，例如從4到5，強度增加十倍）之間的一個尺度。不同人可能會使用不同的尺度，我會使用像圖4.1所示的非線性尺度。橫軸是從0到10的範圍，而縱軸是所代表的快樂量。這個非線性尺度，可以在從0到10的範圍內，代表比較大範圍的快樂量。如果使用普通數字的尺度，則在圖中是一條直線，所能夠代表的正負快樂量都各有一個極限；或者說超過極限的不同快樂量，都只能夠用同樣的快樂指數（0或10）來代表，顯然不理想。

嚴格地說，快樂尺度的非線性，使快樂指數的平均與加減等運算與應用都成爲是有問題的。如果要對這非線性的問題進行調整，又很難獲得需要的資訊。這個問題可以用線性的快樂尺度來解決，而這線性的快樂指數，可以由下述基於最小可感知快樂量的方法來獲得。在我們獲得這個線性而且是人際可比的快樂指數之前，現有的快樂衡量，雖然並不理想，但也不是完全沒有價值（參見Ng 2008a）。

有趣的是，使用現有的，沒有對非線性尺度問題進行調整的快樂衡量，可能更加合適（比起用調整過的），至少是對於那些（例如Veenhoven & Kalmijn 2005）要考慮快樂水準的平均分配問題的人是這樣。筆者認爲，由於收入或消費的邊際快樂（或效用）遞減，以及收入不平等的一些副作用，必須考慮收入的平均分配。然而，快樂已經是終極目的，不能夠有快樂的邊際遞減。因此，只要正確地考慮了所有人（甚至包括動物）的長期快樂，就不需要考慮快樂的平均分配問題。對快樂平均分配問題的重視（見Dutta & Foster 2013），可以是由於社會和諧等對長期快樂的影響。如果要考慮這快樂的平均分配問題，則沒有對非線性尺度問題進行調整的快樂衡量，可能更加合適。考慮快樂的平均分配，要求調低高水準(7-9分)快樂量的重要性，調高低水準(4-6)快樂量的重要性。從上圖可見，在非線性尺度問題對快樂量進行調整，與考慮快樂的均分配的調整，在方向上是相反的。因此，這兩個調整，大致相互抵消。

快樂學者也採用一些可以比較可靠地衡量快樂的方法，包括體驗抽樣(experience sampling)或瞬間評價(momentary assessment)。透過隨機行動電話提醒，讓人們報告當時刻的情感與情感的強度。（見Csikszentmihalyi與Hunter 2003; Shiffman等 2008）另外一個方法是讓人們重新構建(day reconstruction method)當天從睡醒到上床入睡的每一個事件片段，並報告當時的情感與情感的強度（見Kahnamen等 2004）。這些方法應該比根據人們對快樂或生活滿意度的整體評價(global evaluation)要比較可靠。整體評價通常根據人們回答一些總結性問題，例如認爲自己快樂不快樂，對生活滿意不滿意。

由於人們的記憶受「頂峰—終結」法則的扭曲（見第8.2節），整體評價未必可靠。不過，整體評價（例如對某次旅遊）比瞬間評價更加能夠預測人們後來是否選擇舊地重遊。因此，如果你是要做生意，應該重視人們的整體評價；如果你是要讓人們眞正感受快樂，應該重視人們瞬間評價的總和。如果我知道我的瞬間評價的總和，我願意根據它，而非比較不可靠的整體評價。根據瞬間評價的工作疲勞資料能夠預測心血管功能，而根據整體評價的資料並不能(Karmarck等 2007)。這支持筆者認爲瞬間評價的總和才是眞正體驗到的快樂，才是眞正有價値的看法。因此，Tay等(2014)對瞬間評價方法的質疑（第593頁）並不成立，雖然筆者同意不同資料有各自的功能。

可能有人會認爲，與其用比較不很可靠又難以人際比較對快樂的衡量，不如用自殺率等比較可靠的資料，來間接推測人們的快樂。其實這有幾個問題。第一，自殺率高的地區，未必平均快樂比較低，可能只是很不快樂的人多，但很快樂的人也可能多。第二，自殺率的資料也不見得很可靠。不同國家對自殺率的定義、統計、與報導等，有很大的不同。例如，根據世界衛生組織(World Health Organization 2003）的資料，世界平均每年的自殺率是每10萬人有12.4人成功自殺，但匈牙利的資料是37，而埃及的只有0.1；是埃及的比匈牙利的自殺率小370倍，比世界平均的小124倍，還是少報很多？筆者看是少報的成份比較大。

Neumayer(2003)發現，收入水準增加，自殺率減少，但在更加高的收入水準之後，自殺率又隨收入水準的增加而增加。比較不同國家，Jungeilges與Kirchgässner(2002)發現，經濟增長可能使人們快樂減少而使自殺率增加。Durkheim(1966)認爲，高收入使人們比較獨立，減少人際交往或社會集聚性，因而增加自殺率。Neumayer(2003)與Chen等(2009)發現多飲酒者的人自殺率比較高。Akechi等(2006)則發現飲酒與自殺率的關係是U字形的，飲酒程度中等者的自殺率比較低。當然，未必是多飲酒使人們多自殺，而是某些煩惱事使人們多飲酒，也多自殺。

關於自殺率，還有一個値得一提的資料。同樣根據上述世界衛生組織的資料，絕大多數（不是所有）國家的（成功的）自殺率，都是男子比女子高。各國平均是男子每年每10萬人有17.7人，而女子只有7.3人，不到男子的一半。然而，只有中國是女子的18.5人，比男子的14.7人爲高。這是什麼原因呢？如果說是東方或儒家文化，那爲什麼日本、南韓與新加坡等，都是男子的自殺率比較高呢？例如南韓的是男子11.7人，遠高於女子的4.5人。

Benjamin等(2014)用人們對136個幸福感的基本方面(fundamental aspects)相對重要性的評分來測量快樂。他們認識到（2707頁），要使這方法有效，這些基本方面必須同時具有概括性(exhaustive)與不相互重疊(non-overlapping)。然而，這百多個基本方面包括「多快樂」、「多滿足」、「有意義」、「有目標」、「有方向」、「不痛苦」、「舒適」、「無憂慮」、「高評價」、「沒有壓力」等，顯然有巨大的重疊。我估計這百多個基本方面的重疊程度，不是百分之幾十，而是幾倍甚至幾十倍。然而，這只是一個開始，以後是否能夠大量改進，讓我們拭目以待。

第5章 金錢能買快樂嗎？

大量的研究顯示，財富與快樂的相關性不大，而且主要在小康水準。以國家論，富有的北歐，快樂最高。其次是英美加澳紐等英語國家。但富有的日本與法國，快樂很低。近十多年來，日本經濟停滯，但快樂水準卻顯著增加。新加坡的人均收入，是印度的幾十倍，而快樂水準一樣。東亞各國經濟快速發展，但快樂水準很低。這是值得深思與研究的。快樂研究學者Inglehart（2010，第351頁）認爲，「經濟發展有利於主觀幸福的提高，然而只是許多因素之一，而社會容忍與政治自由更加重要」。高收入人群要增加同樣的快樂單位，所須要增加的收入量，是低收入人群的五十多倍（見Trewin 2012，第72頁，圖2），或者說，高收入人群的收入邊際效用，不到低收入人群的2%。

有Layard等（2010，第154頁）指出，Stevenson & Wolfers(2008)的資料顯示，在日本，收入起初提高快樂，但在每人年收入約2萬美元時，更高的收入反而減少快樂。香港嶺南大學何濼生教授的調查，也顯示很高的收入者，不快樂的百分比反而比較高。Inglehart(2010，圖12.1)顯示，近二十年來，多數國家的快樂水準有所增加。然而，如果用人口加權後，快樂水準並沒有增加。中國的情形，更是收入快速增加而人們的生活滿意度下降(Easterlin等 2012，Easterlin 2013，Li & Raine 2013)；窮困的農民比城市居民快樂（Knight & Gunatilaka 2010a）。Bartolini等(2013)的研究顯示，美國人民這三十年來平均快樂水準下降，很重要的原因是社會關係減弱與人們對制度(institutions)的信心減少。雖然Stevenson & Wolfers(2008, 2013)（參見Wolfers等 2013）認爲收入與快樂水準有很大的正相關，但Layard等（2010，第140頁）的結論是「他們的資料太弱，不足以推翻其他學者有分量的資料」。還有，收入與生活滿意度的正相關比較強，而與人們眞正體驗到快樂的相關比較弱（Diener等 2013）。由於人們記憶等失誤與偏差（詳見第8.2節），人們對生活滿意度的整體評價(global evaluation)比較不可靠。

根據聯合國的國際資料的比較，人均收入與用生命預期等爲指標的健康水準也有正相關，但這個很顯著的正相關，在人均年收入約5千美元之上就不再存在，而人均收入與快樂的正相關，年收入要到1萬至1萬5千美元才沒有正相關（Borghesi & Vercelli 2012，第220頁）。

財富只能解釋快樂差異的2%。有長期資料的美日法都顯示，幾十年來，人均收入增加很多倍，但快樂水準只在同一水準上波動。百萬富翁比他人快樂不了多少。是否值得犧牲家人親友，冒坐牢與生命危險去掠奪公家與他人之財產？

關於百萬富翁，一則有關美國著名歌唱家邁克・傑克遜(Michael Jackson)的新聞，據二〇〇五年三月十四日《澳大利亞人》(*The Australian*)日報的報導，起訴人Gordon Auchincloss說，「傑克遜瀕臨破產」，他於二〇〇一～二〇〇二年，收入是（美元）1千1百萬至1千2百萬之間，但他每年支出3千5百萬。他說，「傑克遜對金錢有不能滿足的胃口。他有百萬富翁的預算，但有億萬富翁的支出習慣」（Lusetich 2005，第3頁）。他能夠快樂嗎？

衣食足而知禮義。溫飽之後，重視經濟的進一步發展是否能夠增加人們的快樂，是很自然的。怎樣的發展才能更好地增進人們的長期快樂？這是當今各國一個非常重要的問題。

快樂研究的一個相當一致的結論是，在小康水準之後，經濟水準的繼續提高並不能增加快樂（見如Kahneman等 2006, Ahuvia 2008）。對個人而言，比較有錢的人平均快樂水準，比收入中等的人和比較窮的人略微高一些。當然，有許多比金錢更重要的因素。然而，對全社會而言，人均收入水準的數倍增加，並不能顯著地增加快樂。為什麼呢？

第一，溫飽之後，在很大的程度上，影響一個人的快樂水準的是相對收入或消費。有錢的人比較快樂，是因爲他們的收入比其他人高。但是，當全社會的收入水準隨經濟增長而增加時，不但你自己的收入增加，其他人的收入也提高了；因此，快樂水準未必有顯著的增加。

由於相對收入效應的存在，一個人（尤其是富人）的收入或消費增加，會降低其他人的快樂水準，產生了負的外部性。由於這個作用，應該對富人的收入適當徵稅。傳統經濟學分析強調稅收的反激勵效應（打擊人們的生產積極性），認爲稅收有扭曲作用或超額負擔。其實，一般的收入稅或消費稅，即使不考慮平等因素，單單從效率上（包括相對收入與環保方面的外部成本）而言，實際上是可以發揮糾正作用的。

相對因素的重要性往往被低估。這主要有兩方面。首先是人際相對地位的相互攀比，包括相對職位、財富、收入、消費，以及具體物品的擁有與消費，例如房子、汽車、衣服與珠寶等。近年的研究顯示，相對收入對快樂的影響，不但對有錢人來說是很重要的，甚至對相對貧窮的中國與印度鄉村農民，也比絕對收入更加重要（Luttmer 2005, Knight等 2009, Knight & Gunatilaka 2010b, Linssen等 2011, Guillen-Royo 2011, Fontaine & Yamada 2012，參見Garrard 2012）。有些資料甚至顯示，「所有作用都是相對收入作用」（Layard等，2010的結論）。古人說，不患寡而患不均，至少是在溫飽之後，是有一定的道理的（也有學者的結論是：相對收入的作用，只對收入比較高的人才重要；見Ravallion & Lokshin 2010）。

溫飽之後，絕對收入與消費的不重要，也可以從龍蝦與雞肉的「三百年河東，三百年河西」的歷史來認識。幾百年前，由於龍蝦很多，很便宜，是窮人吃的東西，富人是不吃龍蝦的，而吃當時很貴的雞肉，把龍蝦讓給窮人吃。後來因爲龍蝦很少了，很貴了，而雞肉由於工廠式的生產變便宜了，所以富人吃龍蝦了，把雞肉讓給窮人吃（詳見Thompson 2007/2011）。

其次是本人與自己以前的消費或其他經歷的比較或適應。入芝蘭之室，久而不聞其香；曾經滄海難爲水，除卻巫山不是雲。古人早就有體會了。根據Di Tella & MacCulloch（2010，第228、229頁），比較高的收入對快樂的正作用，約在四～七年內就幾乎完全被適應抵消了，尤其是對那些收入比較高、擁有房產的人。然而，到了現在，根據學者研究，人們還是幾乎完全沒有把當前的高消費對將來的負影響考慮進去。因此，人們還是過高評價高消費等對長期快樂的貢獻(Gilbert等 1998)。爲何人們這麼短視與不理性呢？這應該是「造物弄人」，或者說進化使我們高估財富的重要，使我們強調累積，提高生存的可能性，即使對長期快樂不利(Ng 2003, Ahuvia 2008)。

與適應類似的是透過期望的影響。高消費（甚或其他方面的高水準）使人們提高對將來的期望值，使將來若達不到期望時，大量減少快樂（見如Ng & Wang 1993, Stutzer 2004, McBride 2010）。一個顯著的例子是，澳大利亞女子游泳健將Emily Seebolm在二〇一二年倫敦奧運會，初賽時獲得第一，大家都期盼她在決賽時獲得金牌，因而提高了她的期望。結果，7月25日決賽時，她只獲得銀牌。獲得奧運銀牌，本應該是可以大加慶祝的事。然而，由於她期望的是金牌，在記者採訪時淚流滿面，非常痛苦。約一個星期後（8月2日），一位沒有很高的預期獲牌的選手（澳大利亞的Jessica Fox）獲得銀牌時，她與家人都高興異常，說是高興到超過了月亮(over the moon)。預期的影響是多麼大呀！這就是爲什麼人們（尤其是西方人）要讓家人、朋友等獲得「驚喜」(surprise)。沒有預期而忽然發現獲得，會特別高興。

有人對獎牌獲得者進行採訪研究，發現銅牌獲得者比銀牌獲得者更加高興。銀牌獲得者心中想，就差那麼一點點，失去了金牌的機會；銅牌獲得者心中想，差一點不能獲獎，幸而獲得銅牌。如果不考慮這類心理因素，獲得金銀銅牌本身的價值比例大概是10：3：2。

第二，像松鼠、老鼠等動物一樣，人類也有累積的本能；加上人際競爭與無所不在的商業廣告的影響，人們會犧牲健康、快樂、甚至生命等更重要的東西來拚命賺錢。這在競爭性極強、物質主義盛行的東亞各國，更加明顯。像北京天則所茅於軾（二〇一四年獲選世界十大思想家）所說，人們「用危害道德的方式賺錢，用危害健康的方式花錢」，長期快樂如何能明顯增加呢？

多數人高估自己的能力、成就等，顯著超過一半的人認爲自己高於平均水準（古人說，文章是自己的好）。然而，對於自己的收入水準，多數人低估自己收入相對於他人的收入。顯著超過一半的人認爲自己的收入低於平均水準，很少人認爲自己的收入高於平均水準。這種錯誤看法，是否會使人們更加拚命賺錢呢？

第三，隨著生產與消費的增長，人們生存環境受到的破壞也會增加。世界銀行的Easterly曾經分析得出，約有一半以上的生活品質指標會隨著經濟增長上升，但也約有略少於一半的生活品質指標會下降。這也部分地解釋了爲何經濟增長沒有顯著地增加快樂。

環境破壞的嚴重性現在已經非常明顯了。比如，不少環境科學家認爲，如果不在未來二、三十年內採取有效措施控制溫室氣體排放，一旦排放量越過臨界點，全球變暖的影響可能就無法逆轉，會給人類生活帶來毀滅性的破壞。Stein(2007)與Garnaut(2011)等研究氣候變化的經濟學者，都建議各國必須採取立即與強有力的措施，來進行環保與避免全球暖化。許多其他經濟學者認爲這是基於他們採用太低的利率，把利率提高就推翻了必須立刻採取強力環保的結論。筆者(Ng 2011)論證，如果考慮了暖化可能使人類滅亡的危險，即使採用高利率，也多數應該採取立即與強有力的環保措施。Weitzman(2007)等認爲經濟學還不能分析涉及人類滅亡的危險，但採用基數效用與快樂研究的結論，筆者提出論證滅亡的理性分析方法。

暖化很可能導致極冰融化，全球海水平面上升，讓上海變成海下（上海是全球最受海水平面上升威脅的四個地方之一；另外是倫敦，加爾各答，與太平洋的一些海島），這已經是家喻戶曉了，但很可能會有更早威脅人類與其他生物生存的暖化所造成的其他問題。例如，Sherwood與Huber(2010)強調人類與其他哺乳動物對濕球溫度(wet-bulb temperature)上升所造成的熱壓迫(heat stress)的適應極限。他們論述，「即使相當溫和的全球暖化也可能使很大比例的人口受到史無前例熱壓迫」，而在更大的暖化下，「熱壓迫所造成不能生存的土地面積，將會使海水平面上升所導致者小巫見大巫」。這些因素使絕大多數關於全球暖化所將造成的損失估計太小到不可信賴。熱壓迫是由於哺乳動物必須讓身體散熱，而當濕球溫度達到約攝氏35度以上時，人們並不能散熱。

近幾年來，不但英國皇家學會宣稱，人類經濟活動造成全球變暖已經是和地心引力、進化論同樣肯定的事實，連商界名人也出來強調環保的重要。部分到現在還不承認空氣污染、全球暖化等環保問題嚴重性的經濟學者，不是躲在象牙塔裏，就是被那種認爲市場可以解決一切問題意識形態所迷惑（詳見本書附錄B）。

其實，有效率地處理污染問題，對其徵收等於污染的邊際危害稅，並不會造成很大的經濟負擔。如果只是某一個工廠必須支付污染稅，則其負擔很重，可能必須關門；如果只是一個國家必須減少污染，其成本也可能很大。不過，如果全世界各國，如果所有造成大量污染的生產與消費都必須付污染稅，則市場會透過價格調整和生產者與消費者自身的調整，使得絕大多數工廠還能繼續生產，而且污染稅的收入可以用來進行環保投資，人們甚至可能轉而去做環境保護的工作。

有人認爲，針對污染的邊際危害的稅率應該是多少，很難估計。筆者(Ng 2004)論證，至少應該徵收等於減少污染邊際成本的稅，而這是比較容易估計的，在技術上也是可行的。

總之，當一個人在挨餓時，可能會說他寧願毒死不願餓死；但是，在已經實現溫飽的情況下，我們應該更加重視那些就長期和全社會而言，對快樂更加重要的環保、科技、衛生保健、教育等問題。而適當地採取稅收手段，可以幫助我們實現這些目標。

根據P. Cosier近年的計算，我們現在的人均實質收入是一百年前的七、八倍；而如果地球的生態環境沒有被我們過度破壞，一百年後，我們子孫的人均實質收入，也會是我們現在的五、六倍（如果以對環保負責的速度發展）或七、八倍（如果以對環保不負責任的速度發展，並假定沒有發展停滯，乃至中途滅亡）。

聰明的讀者們，你們是願意子孫們有安全健康的生存環境，只有我們五、六倍的人均實質收入，或是爲了達到七、八倍的收入，而冒著使人類滅亡，子孫們根本沒有機會出生的危險呢？我相信答案是顯而易見的。

第6章 娥妮：國家成功指標

二〇〇六年九月左右，中國國家統計局和環保總局宣佈了綠色GDP核算的有關情況，統計局局長宣佈，中國將推出幸福指數、人的全面發展指數、地區創新指數以及社會和諧指數等一些新的統計內容，以適應各方面對中國經濟社會協調發展，人的全面發展以及民生、人文方面的需求。

對這消息，筆者感到很振奮。對中國改革開放以來的高速經濟發展，像筆者這樣的海外華人，雖然非常高興，但也不免有許多擔憂，包括擔心神州山河的破壞與空氣的污染。綠色GDP的核算，雖然有待許多改進與完善，卻是一件很重要的措施，希望能夠促使各地政府部門更加重視環保，避免將來有錢而沒有能夠健康生存的環境。

足夠的收入與優良的生存環境只是幸福的有利條件，卻不是充分條件。因此，聽到中國將推出幸福指數，筆者感到特別高興。即使對幸福指數的構建，未必能很完善，總是向重要的正確方向跨出第一步。可惜好多年後的今天，並沒有聽到較大的進一步發展。

鄧小平說過，最終要根據三點：人民利益、生產力、綜合國力。這和快樂有沒有衝突呢?筆者認爲沒有衝突。既然人民最終追求的是快樂，則最終而言，人民利益就是人民的快樂。如果我們爲了增加人民現在的快樂，而犧牲長期的生產力與綜合國力，就會減少將來人民的快樂。因此，要講生產力與綜合國力沒有錯，但最終爲的也是人民的長期快樂。只要有考慮他者（不說他人，因爲不排除動物的快樂）以及將來的快樂，快樂應該是人們以及所有公共政策唯一最終目的（詳見第2章）。

中國改革開放以來，取得了很大的成就，但也有很多很大的問題。這些問題有複雜的原因，其中之一是太重視GDP，而未足夠重視其他對快樂同樣（比起GDP）重要，甚至更加重要的因素。這問題在其他國家也存在，包括西方國家，雖然程度不同。

6.1 不同的快樂與類快樂指數

英國萊斯特大學一名社會心理學家Adrian White在二〇〇六年發表的「世界快樂指數地圖」顯示，全球最快樂的十國當中，西方民主國家占了七個。二〇〇六年七月中，英國新經濟基金所發表的「快樂星球指數」(Marks 2006)，剛好形成對比。新加坡聯合早報二〇〇六年七月三十一日社論指出，同樣是以178個國家和地區爲對象的「快樂星球指數」，排在前五名都是發展中國家，西方發達國家反而落在後頭。其中，作爲全球唯一超級強國和最大經濟體的美國居於第150名，還落在排名第131的新加坡之後。「可是，新加坡人竟然是亞洲國家和地區中最不快樂的一群！……這說明，就『快樂』這個主觀意識而展開的調查和評比，不可能會有客觀的標準」。

這結論是對「快樂星球指數」的誤會。所謂「快樂星球指數」(Happy Planet Index)並不是單單指快樂，而是快樂與生態足跡的比例，反映各國取得快樂的生態效率，能夠不嚴重地破壞生態，而取得較大的（人均）快樂水準，就有較高的「快樂星球指數」。美國雖然有相當高的快樂水準，卻造成大量的（人均）生態足跡/破壞，所以排名很後面。

既然「世界快樂指數」與「快樂星球指數」是很不同的概念，當然可能會有不同的排名。讀者必須注意，才能避免誤指快樂指數不可靠。不過，「快樂星球指數」的計算法，也有不少問題。

6.2 娥妮：環保負責的快樂國家指數

有如前一章所述，研究快樂的心理、社會與經濟學者們近幾十年的研究一個相當一致的結論是，在溫飽與小康之後，更高的消費並不能增加快樂，至少不能顯著地增加，尤其是在全社會的範圍而言（個人可能可以透過相對地位的提高而增加快樂）。這發現顯然指明，至少在小康之後，不應該再用GDP或GNP（國內與國民總產量）爲主要的成功指標。Borghsi & Vercelli（2012，第212頁）認爲「眞正的悖論是還在堅持使用GDP爲人們幸福的主要指標」。因此，類似GNH等基於快樂的指標設置，非常必要！以GNH替代GNP，是以快樂替代產量，這是非常重要的。因此，以GNH來打第一砲，是很好的。

然而，做爲比較精確的指標，GNH是不完善的。GNH是總國民快樂。然而，我們應該極大化的不是總快樂，而應該是淨快樂。其次，一個國家如果極大化當年的GNH，可能會對其他國家以及將來的人們造成危害，例如透過對全球環境的破壞。因此，筆者提出比較可以接受的（尤其是每年度）國家成功指標——環保負責的快樂國家指數（Environmentally responsible happy nation index，縮寫爲ERHNI，「娥妮」。詳見Ng 2008b）。

「娥妮」主要爲音譯，但也取娥妮（美麗女孩）的美好意義，因爲ERHNI是美好東西的指數。

只是一天快樂，馬上死去，肯定不好。因此，長期研究快樂的知名學者R.

Veenhoven論述「快樂年數」(happy life years)的概念。一個人的快樂年數＝平均快樂×生命年數。如果平均快樂（滿分為1）等於0.7，生命年數為80，則快樂年數等於56。

然而，一個人如果評價自己的快樂指數是0到1中的0.5，通常只是勉強及格，總快樂量與總痛苦量大致相等，淨快樂約等於0。簡單起見，不考慮對他者與對將來的影響。與其如情況A：0.4的平均快樂指數（淨快樂等於負的），而長命200歲（很長的受苦生命），得到等於80的快樂年數，不如情況B：只活80歲，而有等於0.8的平均快樂，雖然快樂年數只有64。因此，這種計算法的快樂年數有誤導性。

筆者認為應該以淨快樂取代快樂，只算0.5以上的快樂量。根據這修正了的淨快樂年數，上述情況A的淨快樂年數是負20〔(0.4－0.5)×200〕，而情況B的淨快樂年數是正24〔(0.8－0.5)×80〕。

為了考慮對他國與將來的影響，從每個國家的平均淨快樂年數中，必須扣除這國家的人均環保（對他國與將來的）危害，才得出該國當年的環保負責的快樂國家指數。因此，環保負責的快樂國家指數（娥妮）＝平均淨快樂年數－人均環保危害。

由於必須使用相互可比的資料（包括快樂與危害之間），因此上述指數的計算並不簡單。不過，正如筆者（Ng 2008b）已經在*Social Indicators Research*上論述過，娥妮是可以計算的。筆者也正在進一步（在Australian Research Council資助下）改善娥妮的計算與快樂的調查方法，使它更加可靠與可以人際比較。

如果用娥妮取代（至少是補充）GDP，就能夠使人們與各國政府比較注重眞正有利於提高人民長期快樂的東西。例如，政府就應該更加重視避免「高速公路變成停車場，然後又變成垃圾場」（二〇一二年北京十月初長假出現的情形），而不只是重視汽車的產量。當然，還有很多其他的重要問題，例如環保、平等、食品安全、和諧、清廉、道德等。

對世界各國提出用娥妮取代GDP，大致是正確的。但從一個國家本身的觀點，鄧小平強調的綜合國力，也是重要的。雖然快樂會促進和諧而增加國力，但GDP也有相當大的貢獻。因此，在還沒有達到或接近世界大同時，不能夠單單看當前的快樂，還要維持與增加綜合國力。因此，對於本國而言，娥妮還只能用於補充而還不是取代GDP。

第7章　影響快樂的要素

快樂研究顯示，溫飽小康之後，更多的消費並不能增加快樂，尤其是在社會的層面。然而，我們並不是完全不能夠增加我們的快樂水準。筆者曾經在公開演講時，提到快樂的四個F要素。

7.1 影響個人快樂的四個F要素

爲什麼是四個F？這是因爲在動物行爲學中，有一個很有名的四個F的說法。絕大多數動物在絕大多數的非睡眠時間，都是在做四件英文字爲F開頭的事情。第一是吃(Feeding)，第二是爲了爭奪食物而打鬥(Fighting)，打輸了就逃跑(Fleeing)，吃飽了就「飽暖思淫」而交配(Mating)。爲什麼說四個F，而這最後一個是M？有答案，但不可以說明。請問問英文比較好的同性朋友（異性朋友可能會感覺尷尬）。

快樂的四個F要素，四個都是F。第一個是信仰(Faith)，包括或尤其是宗教信仰。有信仰的人明顯地比較快樂(Gundlach & Opfinger 2013)。（關於希望與心靈性spirituality，而不是宗教儀式的參與，才是重要的，見Marques等 2013。）可能有些讀者會認爲，我們是唯物主義者，怎麼可以信仰宗教，相信上帝呢？筆者於二〇一一年底由復旦大學出版社出版《宇宙是怎樣來的？—公理式「進化創世論」》一書，證明宇宙是被創造的，而創世者是物質存在進化而來的。此書調和科學與宗教，調和唯物論、進化論與創世論，對構建一個和諧社會應該會有很大的貢獻。讀了此書，讀者就可以理性地、符合科學地相信創世者，而且可以解釋創世者是怎樣來的，而不是像一些宗教的迷信式的信仰。

其次，信仰不一定要是宗教信仰。筆者中學時候就是共產主義的狂熱信仰者，全力從事由馬來亞共產黨領導的學生運動。這類信仰本身，也會增加快樂。

信仰對快樂的貢獻，很可能被低估，因爲宗教信仰與經濟水準有負相關，在人均收入比較低的國家，平均有比較高比例的信仰。因此，信仰抵消掉收入的作用，都還對快樂有正相關；詳見Inglehart(2010)。

第二個F是健康(good Form或Fitness)。健康與就業是兩個對快樂非常重要的因素（詳見Heukamp與Arino二〇一一年在*Social Indicators Research*上的文章第157頁上的參考文獻）。雖然健康與性格（見Ha & Kim 2013）等影響快樂的重要因素，在很大程度上受到遺傳的影響，但是後天的努力還是有很重要的作用。筆者小時候健康比同學們略微差一些，經常有小病。三十多歲時，由於很多年缺乏運動，感覺健康更差，才開始做經常性的鍛鍊。這幾十年來，平均每週用在運動的時間約爲十小時。現在以七十二歲的高齡，健康還處於有生以來的最高點，比年輕時還更加健康，也比絕大多數同年齡者健康。

例如，筆者二十多歲時，一次性只能夠做二十多次伏地挺身；現在可以做72次。次數等於年齡。筆者於一九九三年在人民大學教福特班（中美經濟學培訓中心）時，與班上四十名學生相約於16.5年後在北京重聚。二〇〇九年九月三十日，我們眞的在人民大學重聚，並且再相約於16.5乘以2等於33年後於二〇四二年九月三十日，將要在北京重聚。到時筆者將以一百歲的高齡，表演一次性做100伏地挺身！這次的重聚，不限於福特班的學生，凡是筆者的學生，都可以來參加。還有將近三十年，要鍛鍊好身體，到時才能夠參加啊！

除了經常性的體育鍛鍊，要增進健康，還要有充分的睡眠、有規律與有節制的生活、健康的飲食、樂觀與知足的心態等（關於健康，也請見第8.3節的H點）。

第三個F是家庭(Family)。大量的快樂研究有一個很一致的結論是，已婚的人比單身的明顯地比較快樂。因此，適婚年齡而未婚的讀者，應該不要等待太久。然而，也不可以隨便找一個人結了算了，因爲鬧離婚的人比單身的還更加不快樂。要結婚，但要找到一個適合的人選。

Kapteyn等（2010，第99頁）指出，在荷蘭與美國，人們（受訪者）都認爲結婚並不能夠增加生活滿意度，但實際上他們的生活滿意度卻受婚姻的正面影響；同樣地，人們認爲，其他條件一樣，越老的人滿意度應該比較低，但他們自己的滿意度卻隨年齡而增加。

古人說，男大當婚，女大當嫁，是有道理的。可能有些讀者認爲，男女關係並不需要結婚，而且性愛服務在市場上也可以很容易買到。然而，雙方長期互相適應配合，而能達到各種關係的高度，並不是一夜夫妻或商業服務所能夠比擬的。

對於還沒有結婚的人，與父母及兄弟姐妹的關係，對快樂也很重要。最近讀到的一個研究結論是，有沒有孩子與快樂的關係不大。第一個孩子增加母親的快樂，而更多的孩子則不增加。怪不得現代很多家庭選擇只生一個小孩。當人均收入與教育水準提高後，尤其是女方的收入與教育（一方面大量增加生孩子的成本，一方面增加女方的決策權），中國大陸不必執行獨子女政策，將來會面對人口減少的問題。

第四個F是朋友(Friends)。人類天生是群居的動物，因爲必須多人合作才能夠戰勝野獸。其次，人類因爲能夠用複雜的語言溝通，使朋友的重要性更加大。「在家靠父母，出外靠朋友」；「有朋自遠方來，不亦樂乎」；「一壺濁酒喜相逢」等等，顯示朋友的重要性，古人就已經有很深的體會。

然而，直到今天，那些收入已經遠遠超過小康水準的人們，更多的消費已經不能夠增加快樂，但還是經常會爲了多賺錢，而犧牲對快樂更加重要的友情、親情，甚至犧牲自己的安全與健康，不是很不值得嗎？茅於軾說過，很多人用不道德甚至不合法的方式賺錢，用不健康的方式花錢。理性何在？

人們這種不理性過分重視金錢的傾向，筆者認爲有先天與後天的原因。很多動物，例如老鼠、松鼠、螞蟻等，有累積食物的本能，因爲這能夠幫助它們生存。對於人類，這種本能體現爲累積財富。後天的原因是我們的商業社會無所不在地鼓勵人們消費的廣告影響，使人們過分著重物質消費。人們如果知足常樂，廠商們並不能賺錢；人們多消費，他們才能夠多賺錢。

一定程度的儲蓄與累積是合乎理性的，因爲有利於生存與將來的快樂。然而，在遠遠超過小康水準時，還過分強調金錢，以致犧牲對快樂更加重要的東西，是不理性的。要增加快樂，應該要認識到金錢對快樂的很大侷限性，認識到必須克服我們天生與廣告的影響，避免過分物質主義的傾向。要做到這一點，比每星期鍛鍊十小時還難。捫心自問，筆者自己也還有這種傾向！

人們不知足的傾向，自古而然。例如，明朝朱載堉的諷刺詩：

「逐日奔忙只爲饑，才得有食又思衣。
置下綾羅身上穿，抬頭卻嫌房屋低。
蓋了高樓並大廈，床前缺少美貌妻。
嬌妻美妾都娶下，又慮出門沒馬騎。
將錢買下高頭馬，馬前馬後少跟隨。
家人招下十數個，有錢沒勢被人欺。
一銓銓到知縣位，又說官小職位卑。
一攀攀到閣老位，每日思想要登基。
一朝南面做天下，又想神仙下象棋。
洞賓陪他把棋下，又問哪是上天梯？
上天梯子未做下，閻王發牌鬼來催。
若非此人大限到，升到天上還嫌低。」（〈山坡羊・十不足〉）

即使有錢花，沒有工作的人也很不快樂。沒有工作非金錢上的影響，比失去收入的重要性要大很多倍，而且高失業率也對有工作的人的快樂有負面影響(Helliwell & Huang 2014)。就業比金錢重要。而且，每增加1%的失業率，人們平均快樂下降的程度，是物價上漲率增加1%對快樂負影響的五倍(Blanchflower等 2014)。因此，經濟學者用的「悲慘指數」不應該只是失業率加上物價上漲率，而應該是五倍的失業率加物價上漲率。還有，很多問題人們可以適應，久而不聞其臭，但人們很難隨時間而適應失業(Clark & Georgellis 2013)。

一個人小時候哪些東西對其長大後的快樂或生活滿意度比較有重要的正相關？根據Clark等(2014)對英國的研究，最重要是小時的情感健康(emotional health)，其次是其品行或行爲(conduct)，最不重要的是其學業成績或智力發展(intellectual development)。父母們，如果你們是眞正爲孩子的幸福，而不是爲自己的面子（這顯然不比孩子的長期幸福重要），不要給孩子太多壓力，太重視學業成績，反而應該重視其情感健康與品行，與孩子多交流，並多以身作則。

如果問快樂與年齡的關係是什麼，多數人會認爲，起初隨年齡而增加，老了隨年齡而減少，關係是反U型的。這是因爲多數人認爲孩子沒有獨立性，有學業的壓力，還不會享受人生；老了健康下降。然而，比較不同年齡組，許多學者發現快樂與年齡的關係是U型的。兒童時期相當快樂，少年時期快樂下降（可能因爲與家人關係開始出現問題，又有許多擔憂），快樂最低點大致是三十多歲時。此後快樂隨年齡之增加而繼續增加（如Clark & Oswald 1994, Gerdham & Johannesson 2001, Deaton 2008, Mroczek & Spiro 2005；但最後幾年會下降，見Fukuda 2013）。這資訊對年輕人非常重要，可能會救你一命。當你二、三十歲時，如果不快樂，可能會想，我這麼年輕就已經不快樂，將來老了不是更加糟糕，不如自殺算了！其實那很可能只是你人生的快樂最低點，熬過後，將來快樂就會長期增加。而且，現在你知道了這資訊，將來遇到低點，會知道只是短期現象，對將來有希望，不但避免自殺，而且也會由於這希望而使不快樂的程度不會太大。單單這資訊的價值，就比你購買本書與閱讀本書的時間成本的幾千倍還要大！

7.2 對整個社會的重要快樂要素

對於整個社會或國家，除了上述四個F，還有其他重要因素，包括環保、收入分配、自由、民主、社會資本（如人際信任，詳見Hudson 2006, Helliwell & Wang 2011, Helliwell等 2014）等。

在美國，不同地區的死亡率與收入分配的不平均程度有很大的正相關（Kaplan

等 1996, Lynch等 1998）。其他國家也是一樣，例如De Vogli等(2005)發現，對義大利不同地區的死亡率的影響，收入分配不平均比人均收入與教育水準有更大的作用。Hagerty(2000)，Fahey & Smyth(2004)，Oshio與Urakawa(2013)等學者發現收入不平等與快樂有負相關。還有，平等增加信任，而信任增加快樂（如Uslaner 2001）。

「令人印象特別深刻的是美國聯邦州之間的一次比較。雖然美國優秀的醫院均勻地分佈，但是在同一聯邦州的平均壽命卻不同，差距多達四年。北達科他是美國西北部的一個州，那裏的人們可期望活到七十七歲；相反，西南的路易斯安那州的州民平均年齡則在七十三歲。這種差距既不是絕對的富裕程度，也不是移民的來源；既不是貧困率，也不是香菸的消費量可以解釋得了的；而且，因癌症而死亡的人數與因基因疾病而死亡的人數基本沒有區別。謎底在於窮人和富人之間的收入差別，而這種差別在路易斯安那州要比北達科他州高出50％。收入分配不公平州的公民較早死亡的原因可能是壓力所致，是那種人們在對手林立的社會中所要承受的壓力。」〔來源：《關於金錢和幸福的謬論》，斯特凡．克萊因，八方霞譯，轉載自《意林》編輯部(2012)，第201頁〕

公平的重要，從下述故事也可以看到。「上海一所大學校園裏，一對學生相愛。那時校園裏絕對禁止戀愛。校方對他們一再勸阻、警告，兩個年輕人如膠似漆。校方只有使出最後一招，將男的流放到大西北，女的留校。但女的不肯獨自留在上海，死活要跟一起。二個人在蒙古包裏落下了戶，……日子卻過得甜。然而三年自然災害饑餓的時代到來了。這天是中秋節，社裏每戶分了一塊月餅。男的收工早，就把月餅領了回來，等著女的。薄暮降臨，女的還不回來。男的實在忍不住，把月餅對半切了，先吃了自己的那份。不吃則已，一吃更饞。他想她要是在的話，肯定也會省下她的那半邊給他吃，那麼實際上這半塊月餅的二分之一也將屬於他。他於是把半邊月餅切開，又吃了一半。女的還沒回來，剩下的四分之一塊月餅，男的看著看著，怎麼也忍不住，一下把它吞了。這時女的回來了。她興高采烈地說，聽說分了塊月餅啊！男的愣愣地無言以對。片刻，支吾道：「我……太餓，吃掉了。」女的半天沒出聲，後來忽然怒吼道：「我想不到你這樣，我犧牲一切跟你來大西北，你呢？連半塊月餅都不能給我省下，我算看透你啦！」女的就這樣收拾東西回了上海！校規、警告、流放，都不能拆散的一對情侶，一塊月餅卻輕而易舉做到（來源：一塊月餅的故事，《伴侶（B版）》2004年第01期，作者：冰潔）。

根據美國的資料，女性的平均快樂水準原來是比男性高的。然而，幾十年來，隨著男女平等水準的增加，這個女性優勢反而持續下降，以致完全消失（詳見Kahneman 1999，Stevenson & Wolfers 2009）。Kahneman認為這應該是比較誠實報告的原因，或者更多的機會使女性有更大的要求才滿足。問題是這因素是影響她們的眞正快樂，還是只影響她們報告的快樂呢？這也是快樂調查的人際比較困難的體現。（詳見本書第4章）香港嶺南大學的何濼生教授(Ho 2013)不同意這看法，認爲是因爲工作婦女負擔的家務時間遠遠大於她們的丈夫。筆者認爲可能有多方面的原因。

Zurich大學B.S.Frey與A.Stutzer(2000)分析瑞士內不同區域，得出直接選舉制度與快樂水準有正相關，這一方面是因爲能得出較符合人民偏好的結果，一方面是選民從參與過程中得到的滿足感。陳前恒等(2014)也發現，「村莊民主發育程度每增加1個百分點帶來幸福感的增加，相當於農民年人均純收入增加18.47個百分點帶來幸福感的增加」。這是非常巨大的。

Erasmus大學R.Veenhoven(2000a)得出自由水準與快樂有正相關，但這主要是對富有國家而言才成立，對窮國並不成立，但經濟自由是例外。自由貿易與快樂在窮國有正相關，在富國沒有正相關。筆者認爲，這與財富和快樂只在人均年收入在約7千美元以下才有正相關的結論是一致的。自由貿易增加實際消費，因而提高窮國人民的快樂。Bjornskov等(2010)也得出經濟與法律方面的制度對低收入國家（快樂水準）比較重要，而政治制度對高收入國家比較重要。

第8章　如何更快樂？

快樂研究的一個相當一致的結論是，在小康水準之後，經濟水準的繼續提高並不能顯著增加快樂，還存在許多比金錢更重要的因素，包括性格、信仰、婚姻、就業、健康、人際關係等。我們應該更重視這些因素，減少過度物質主義的影響；尤其不要爲了多賺錢而犧牲對快樂更加重要的健康、友情與家庭，更不必說用非法與不道德的手段賺錢了。

瞭解影響快樂的因素（見第7章）或許有助於提高平均快樂，但有些快樂學者（如Lykken & Tellegen 1996; Stones等 1995）認爲，每個人的正常快樂水準是由遺傳基因決定的。雖然這一水準受環境與個體活動影響，有高峰也有低谷，但由於生理的侷限，很難大幅提高（關於遺傳基因與快樂的關係，參見Tellegen 1988, Franz 2012, De Neve等 2012。雖然說來讓人沮喪，基因對人們各方面都有相當大的影響，甚至連政治思想也受影響，生理與心理的基本層次上的性質，影響人們的政治傾向，在這些基本層面對負面因素的刺激反應比較強的人比較保守。詳見Hibbing等 2013）。筆者認爲，也存在著能幾倍甚至百倍地提高快樂水準的方法。在談這方法之前，先說環境與生活方式的重要。

筆者最瞭解的人是自己。筆者對從大約五歲到現在的快樂水準，有很好的記憶。五歲到十多歲的記憶可能比較模糊，但從十多歲到現在的記憶是很清楚的。筆者認爲，現在這幾年以及十多年來的平均（淨）快樂量，肯定超過二十多歲和三十多歲時期的至少三倍以上。因此，筆者相信，即使還不能夠改變基因，人們還是可以增加自己的快樂的。

8.1 避免超時工作

找不到工作的失業人士很不快樂，但工作時間過長的人的快樂水準也比較低。因此，對於有工作的人，一個能夠增加快樂的方法是避免工作時間太長。筆者在二〇一三年初到南洋理工大學經濟學系工作前，也曾經多次到新加坡訪問，最使我震驚的是從老同學及他們的孩子得知，許多新加坡人的工作時間長得離譜。一位老同學說，在工忙時期，他孩子一兩個月每天都是從早上八九點做到半夜兩三點，一回到家，倒在床上就睡。他們甚至擔心孩子是否是到夜總會玩女人，半夜打電話到公司，發現孩子確實還在工作。非工忙時期，也是到晚上八、九點左右。平均是晚上十點。週末也帶文件回家做。而且聽孩子的同事說，大家都是這樣。這家會計公司及其他幾家新加坡最大的會計公司都是這樣。雇員多數工作不到五年就吃不消，都換工作。聽另一位說，他有一位親戚，長期每天工作到晚上十點，很希望公司把他裁掉。人家對他說，「你每天這樣勤奮工作，公司哪裏會裁你？」再聽其他幾位親戚朋友，情形也是大同小異。

勤奮是一種美德，筆者絕對不希望人們不勤奮。隨著家庭收入的提高，許多年輕人身在福中不知福，有失去勤奮美德的危險。因此，鼓勵勤奮也是應該的。不過，雇主讓雇員大量超時工作，對雇員的健康、生活、以及與家人朋友的關係等，是有很不好的影響的。其實，對雇主本身，也是得不償失的。今天多做幾小時到半夜，難道明天的工作效率不會大量減低嗎？雇員長期睡眠休閒不足，難道不會大量影響其長期效率嗎？關懷雇員的福祉，不讓他們過度工作，難道他們不會更忠於公司，長期而言更有效地爲公司工作嗎？雇主們，請你們不要只看到短期的收益與成本，更要看到長期的回報，也要照顧雇員的福祉（關於工作時間與快樂的複雜關係，見Diener等2010，第13與14章；Pereira & Coelho 2013）。

8.2 心理學與行爲經濟學的啓示

傳統經濟學假定人們都是完全理性的，每個人都會極大化自己的效用，除了無知或資訊不足的情形，效用與快樂是一樣的。因此，除了增加有關的知識與資訊，一個人就不必學如何增加快樂了；他已經會極大化自己的快樂了。然而，心理學的長期研究，以及近幾十年來受了心理學影響的行爲經濟學的研究，發現人們的許多決策與其他行爲，距離完全理性是很遠的。因此，我們還可以透過認識這些背離理性的決策與行爲，學習如何減少錯誤的決策，提高成功的機率，以增加快樂。

一些明顯的錯誤

先從一個很簡單的發現說起。透過法官對犯人假釋(parole)申請的判決，心理學者（Gailliot等 2007, Gailliot & Baumeister 2007）發現，當法官們是在飯後處理時，有65%的申請被批准；當他們是在飯前一兩小時內處理時，批准率大大下降，下降到剛好飯前的0%。假釋申請的判決默認(default)決策是不批准。因此，當法官們肚子餓時，就沒有心思去考慮是否應該批准。因此，當你要請求人家幫助或支持時，不要在他們空腹時進行。當然，還有其他類似有關因素，包括心情好、放鬆與酒後等都有助於你的請求（見如Forgas與East 2008）。

一個很通常的錯誤是信心太強，對成功的或然率估計太大，對可能出現的問題與困難估計不足，因而決定去進行許多太冒險的事情。獲得諾貝爾經濟學獎的心理學者Kahneman（2010，第253頁）認爲這部分解釋爲什麼人們進行訴訟，發動戰爭，與開辦小生意。絕大部分的新生意在幾年內就失敗。筆者希望人們接受教訓，不要輕易進行訴訟或發動戰爭。但對於開辦企業、讀書、科研、社會工作等利人利己的事情，只要有足夠的準備，也不必太保守。成功的小生意與大企業，不但對自己有利，也增加消費者剩餘與工作機會，尤其是在競爭不完全的現實社會，對經濟是有利的。

有些很顯然的錯誤，本書讀者大概很少會有，至少可以很容易學會避免。例如，從一個甕中取出一顆珠子，如果珠子是紅色的可以獲得獎金。可以從兩個甕中選擇一個。甲甕有10顆珠子，只有1顆是紅色的；乙甕有100顆珠子，只有8顆是紅色的。爲了獲得獎金，你選哪一個甕呢？多數讀者應該知道，應該選甲甕。然而，有30％到40％的試驗者（而且應該是大學生）選擇乙甕。大概他們受到絕對數字的影響，8遠大於1，認爲機會比較大。實際上，10中取1的或然率顯然大於百中選8（詳見Miller等1989）。

另外一個類似的錯誤是，許多人認爲能夠使「每萬人中，殺死1286人的傳染病」

比能夠使「人口中的24.14%的人死亡的傳染病」更加危險(Yamagishi 1997)。實際上，前者的致命率只有後者的一半多一點點。這大概是因爲千多人死亡的數字比較形象，使分辨能力較差的人認爲比較危險。

上述兩個明顯的錯誤，是否只是分辨能力比較差的人的錯誤，而多數人是不會犯這種錯誤的呢？要能夠進入大學讀醫科是需要非常高成績的，因此醫生應該是智力比較高的人群。心理學者對醫生們進行試驗，讓他們考慮醫治肺癌病人的兩個方法：開刀與放射。五年後的生存率是開刀明顯大於放射，但是一個月內的死亡率則是開刀比較大。讓一半的醫生看開刀的一個月內的生存率：90%；讓另外一半的醫生看開刀的一個月內的死亡率：10%。這兩個不同的數位，實際上是同樣結果的不同表述：90%生存與10%死亡是完全一樣的。然而，那些看到90%生存率的醫生絕大部分(84%)選擇開刀；那些看到10%死亡率的醫生則有半數選擇放射(50%)（詳見McNeil等1982）。非常高智力人群的選擇，也有很大的非理性的成份。

很多讀者可能像筆者一樣，自認爲不會犯上述三種與類似錯誤。然而，是否會犯下述筆者自己認爲也會犯的錯誤呢？

考慮詞典甲，出版年：2009，內收詞條數目：10000。詞典情況：像新的一樣。讓你估計最多願意花多少錢購買。考慮詞典乙，出版年：2009，內收詞條數目：20000。

詞典情況：除了書皮有些損壞，像新的一樣。讓你估計最多願意花多少錢購買。如果讓人們只單獨考慮這兩部詞典之一，絕大部分人願意出比較高的價格購買詞典甲，因爲詞典乙已經有些損壞。然而，如果讓人們同時考慮這兩部詞典，則絕大部分人願意出比較多錢買詞典乙，因爲人們認爲多一倍的詞條比書皮略微損壞更重要。個別評價時，人們沒有注意詞條數目，因爲1萬與2萬都是一個大數目，因而只注重書皮有沒有損壞的方面。兩部詞典互相比較時，詞條數目的差異就凸顯出來了（詳見Hsee 2000）。

筆者承認，如果分開單獨評價，筆者也是會出比較高的價格買詞典甲，而當兩部詞典一起比較時，就會出比較高的價格買詞典乙。這種偏好的改變，是否非理性呢？或者可以說，當個別評價時，詞條數目的重要性沒有獲得足夠的重視，而同時比較時，自然會注意到詞條數目的很大不同，這最多只是著重點不完善的問題，不是眞正的偏好改變，也不是眞正的非理性。

假定你是法官或陪審員，考慮判決賠償的數目。

A. 一個小孩子在玩打火機時，睡衣著火而中度受傷；睡衣製造商被控告沒有採用不易燃燒的材料。

B. 一家銀行使用有問題的手段而使另外一家銀行損失8萬元〔8千萬元〕。

人們對問題B的賠償數目，多數會與損失數目相關。這不是要點。人們對問題A的賠償數目，如果問題B是說8萬元，多數會在問題A判決賠償數萬或幾十萬；如果在問題B是說8千萬元，多數會在問題A判決賠償數百萬或數千萬，甚或以億元計。對於問題A的應有賠償數目，是比較難以決定的。因此，人們決定的數目，受到問題B中的數目的影響。然而，這兩個問題是不相關的兩個問題，問題B中的損失數目，不應該影響問題A的賠償數目，更不應該以百倍千倍地影響。然而，筆者相信，筆者本身大概也會受到影響，雖然可能不是百倍千倍。你呢？

「頂峰—終結」法則

根據心理學者的試驗，絕大部分人會有「頂峰—終結」法則(peak-end rule)的失誤。不論是快樂或痛苦的感受，人們事後的評價會不顧感受時間的長短(duration neglect)，而大致只是根據頂峰時刻與終結時刻感受程度的平均價值來決定。讓人們忍受X：一分鐘的中度痛苦；Y：同樣一分鐘的中度痛苦，再繼續半分鐘的輕度痛苦。然後讓他們選擇，如果須要忍受多一次的X或Y，人們選擇Y。實際上Y的痛苦更大，但由於終結時的痛苦度比較輕，使人們錯誤地認爲Y的痛苦比較少。（詳見Kahneman等 1993）這可以說是我們的記憶的不完善，而造成我們的偏好不完全反映我們的苦樂。快樂才是最終目的，所以我們應該學會調整我們的偏好，以便更好地提高我們的快樂。

不過，只是記憶的不完善嗎？讓人們評價另外一個假設的人的一生。如果整生每年的情況都一樣，則人們對此人的評價不受此人的生命長度影響，不論是活了30年或60年，人們對他的評價都是同樣的。因此，即使不受記憶失誤的影響，人們依然有不顧感受時間的長短(duration neglect)的失誤。顯然的，60年同樣快樂的一生，應該比30年的更好；60年同樣痛苦的一生，應該比30年的更糟。

同樣地，如果給一個很快樂地活了60年的人，再加上5年相當快樂，但比以前的60年比較低快樂的生命，人們對此人的評價不是增加了，而是減少了；如果給一個很痛苦地活了60年的人，再加上5年相當痛苦，但比以前的60年比較少痛苦的生命，人們對此人的評價不是減少了，而是增加了。因此，「頂峰—終結」法則(peak-end rule)的失誤，即使沒有記憶的失誤，依然存在。筆者認爲，這種不顧感受時間的長短與有關的「頂峰—終結」法則的失誤，肯定是不理性的。

有記憶的自我與體驗的自我

學者讓人們記錄不同旅遊各個片段的感受，然後讓他們選擇，如果有機會再重複同樣的旅遊，要哪一個。結果發現，人們的選擇只是根據最後的評價，開始幾天的感受不影響選擇。決策者是有記憶的自我(remembering self)，不是體驗的自我(experiencing self)。

想像你必須進行一項很痛苦的手術，你在手術進行時依然有感受，會痛苦地呻吟，哀求醫生停止。不過，手術結束時，會給你吃一顆沒有副作用的藥片，使你完全不記得痛苦。對這一情景，你有何感受？諾貝爾獎得主Kahneman（2011，第390頁）說他的「非正式的觀察是，多數人會對他們體驗的自我痛苦完全無動於衷(remarkably indifferent)。有些人說，他們完全不關心。其他人與我自己（即Kahneman）的感受一樣，那就是，我同情我的體驗痛苦的自我，但這同情並不比我會對一位陌生人的痛苦的同情更多。這雖然奇怪，我是我的有記憶自我，而那位過我的生活體驗的自我，對我而言，像是一位陌生人」。筆者認爲，這又是諾貝爾獎得主的一個失誤〔關於諾貝爾獎得主的經濟學失誤，見拙作《從諾貝爾獎得主到凡夫俗子的經濟學謬誤》（黃有光2011a）〕。筆者對自己體驗的自我苦樂非常關心。

決策者是有記憶的自我，不是體驗的自我。而很多決策者又對體驗的自我無動於衷，很多決策肯定是不理性的，會大大減低體驗的自我幸福。如何從這低效率的決策中學習，以提高包括有記憶的自我與體驗的自我在內的快樂，應該還大有文章可以做。

對於到底應該根據有記憶的自我，還是體驗自我的快樂爲標準，Kahneman（2011，第410頁）採取折衷的看法：「不考慮人們所要的幸福理論是不能夠成立的（人們要的是有記憶的自我所認爲的快樂）。另一方面，不考慮實際上在人們生活中產生的體驗，而只關注人們所認爲的，也是不能夠接受的。有記憶的自我與體驗的自我都必須考慮，因爲它們的利益不完全重合。哲學家會對這些問題長時間爭論。」不必等哲學家的爭論，筆者自己已經有一個明確的答案。終極而言，只有眞正被體驗的快樂才是快樂，才是有終極價值的。不排除也應該考慮有記憶的自我，但有記憶的自我（經常失誤地）認爲的快樂之所以重要，是因爲各種原因使它影響眞正被體驗的快樂，包括：1.有記憶的自我是決策者，而決策影響眞正被體驗的快樂；2.如果不考慮有記憶的自我，人們會不高興，而這會降低人們眞正被體驗的快樂；3.有記憶的快樂會透過回憶等而增加將來眞正被體驗的快樂。

爲了明白唯體驗快樂論（終極而言，只有眞正被體驗的快樂才是快樂，才是有終極價值的）的正確性，考慮下述兩個選擇：

甲：活了80年而最後意外立刻死亡的一生，前79.9年一生非常痛苦，包括健康不好、生活條件不好、人際關係也不好等。最後一個月吃了一種藥丸，使你記憶中的前79.9年是美好的，這也使你在這最後一個月內相當快樂，但快樂強度沒有前79.9年的眞正痛苦的強度大，但你還是認爲你的一生是非常快樂的（因爲記憶被扭曲）。

乙：活了80年而最後意外立刻死亡的一生，前79.9年一生非常快樂，包括健康很好、生活條件很好、人際關係也很好等。最後一個月吃了一種藥丸，使你記憶中的前79.9年是痛苦的，這也使你在這最後一個月內相當不快樂，但不快樂的強度沒有前79.9年的眞正快樂的強度大，但你還是認爲你的一生是非常不快樂的（因爲記憶被扭曲）。

聰明的讀者，你選擇甲還是乙？筆者肯定選擇乙，因爲被記憶的快樂，除了能夠影響體驗的快樂外，本身並不是眞正的快樂，並沒有價值。

對損失的（額外）規避與「稟賦作用」

心理學家也發現人們有對損失的（額外）規避(loss aversion)。當然，每個人都不要損失，這不是損失規避。損失規避是指對損失厭惡的程度，明顯大於對同等得利的喜好程度，大到不能夠用合理的原因，例如金錢的邊際效用遞減來解釋。由於金錢的邊際效用遞減，損失100萬元的效用損失，通常明顯地大於獲得100萬元。然而，對於年收入數十萬元以上的人，損失100元的效用差不多，至少如果只是看金錢透過購買財物所能夠帶來的效用而言。然而，人們對損失100元的厭惡，等於獲得100元的喜好程度約兩倍，這是損失規避。

如果你最多只願意花100元買某個杯子，當你已經擁有這個杯子時，你卻不願意以180元的價格賣出，非得200元以上不賣，即使沒有交易成本。這叫做「稟賦作用」(endowment effect)。如果在試驗時，沒有讓人們眞正用手持有這個杯子，人們還沒有形成擁有（稟賦）的感情，則沒有買賣價格的巨大差異。

考慮一個更加極端的例子。假設你誤飲一杯試驗品，肯定有千分之一的或然率會快速無疾無痛苦而終，你最多願意花多少錢（假定有時間賣掉財產），獲得肯定能夠解除這個或然率而沒有副作用的藥品？寫下這個數目。現在假定你並沒有誤飲這杯試驗品，問你至少給你多少錢，你才願意飲？（飲後肯定有千分之一的或然率會快速無疾無痛苦而終。）寫下這第二個數目。比較一下，第二個數目是第一個數目的幾倍？根據心理學者的調查，平均是五十倍。筆者認爲，絕大多數人低估第一個數目，人們應該願意但沒有給出足夠的錢，來去除已有的千分之一死亡機率。

不包括在溫飽線上下的人，也不包括那些對自己餘生的快樂預期是負的人，對大多數生活快樂的人來說，失去生命是一個非常巨大的損失，如果能夠，應該捨得花很多錢來避免。對大多數明顯高於小康水準的人，即使用掉所有財產的百分之十，甚至百分之五十，在經過一小段時間的調整之後，還是可以生活得很快樂，快樂水準幾乎沒有什麼下降。如果沒有花這筆錢，預期快樂就會下降千分之一。然而，要拿出錢，人們有損失規避，多數人只願意拿出所有財產的百分之一或千分之一，這是不理性的。

不過，對於上述第二個數目至少給你多少錢，你才願意接受千分之一的無痛苦死亡的機率，則可以是理性地非常大，甚至是無窮大的。這是因爲對於在小康水準以上的人，更多的錢實際上並不能夠帶來多少額外的快樂。除非你是要用這筆大錢來做大事，做好事，能夠給自己及他者帶來很大的快樂，不然不值得冒千分之一的死亡危險，因爲增加消費只能夠短期增加快樂，在適應之後，快樂多數會回跌到原來的水準。

下雨時找不到計程車

現代的職工很多不能夠選擇工作時間，能夠選擇工作時間的，例如教授，其工作時間又和報酬沒有直接的關係，尤其是在短期內。計程車司機的工作時間是可以自己決定的，而且多工作就多收入。對紐約計程車司機的工作時間進行研究，行爲經濟學者發現，他們決定何時停工，是和傳統經濟學的分析相反的。

天氣好時，很少人乘計程車，他們每小時能夠掙的錢很少；天氣不好時，很多人要乘計程車，他們每小時能夠掙的錢很多。根據傳統經濟學的分析，甚至根據常理判斷，計程車司機應該在天氣不好時，每小時能夠掙比較多錢時工作長一些，而在天氣好時，工作短一些。然而，多數司機卻反而在天氣不好時，每小時能夠掙比較多錢時工作短一些，而在天氣好時，工作長一些，使下雨時要乘計程車的人們找不到計程車。這並不是因爲他們比較喜歡在天氣好的時候工作（這因素很小），而是因爲他們每天有一個能夠賺到的收入指標。天氣不好時，提前超過指標，因而提前收工；天氣好時，須要延長工作時間才能夠勉強接近指標，因而延遲收工。低於指標收入的數目，被認爲是一種損失。由於人們對損失規避，低於指標收入數目的重要性被放大。高於指標收入的數目，只是一種得利，其重要性被縮小。

其實，即使人們不能夠避免損失規避的心理，只要適當地調整指標收入，就能夠用比較少的總工作時間，賺比較多的總收入，而且增加總效用。例如，不必死死限定每天同樣的收入指標，而是在天氣不好，能夠每小時多賺錢時，提高指標；在天氣好，每小時少賺錢時，降低指標。實際上，計程車司機們雖然不是完全死死根據每天不變的指標，除了收入指標，也還有工作時間的指標，但也很難說是完全理性的（詳見Camerer等 1997, Crawford & Meng 2011）。Hsee & Zhang(2010)也論述人們的評價受評價方式、知識與秉性的影響。閱讀心理學與行爲經濟學的發現，適當檢討與調整自己的期望、指標、行爲等，還是可能增加快樂的。

獲得諾貝爾經濟學獎的心理學家Kahneman（2011，第340頁）就向讀者們建議，1.買保險時，應該買免賠額（deductible，或稱自負扣除）或起賠額(excess)最高的，也就是說，不要花錢買免除免賠額；2.永遠不買額外保修期保險。例如買新車時，有包括在價格內的一或三年保修期。通常可以多買額外保修期，但從預期價值上看是很不值得的。除非你的金錢邊際效用遞減得很厲害，不然即使是從效用上看，也是不值得的。人們買額外保修期多數是受到損失規避的影響，怕萬一出現大問題，維修的損失會帶來很大心理傷痛，甚至是在還沒有出現問題時，也不時擔心。如果你是這樣的情形，花錢買個安心，未必不好。若然，爲什麼Kahneman建議人們不買呢？可見他認爲很多人的決策是有很大的不理性成份的，對或然率的估計也不是很準確。如果對可能但或然率很小的損失，能夠處之泰然，則不買是比較合算的。筆者最近才讀到Kahneman的上述建議，回想自己幾十年來，完全是遵從這建議。買起賠額最高的保險，不但大量減少保費，而且避免花時間申請小數額的賠償。長期而言，肯定是比較合算的。萬一保修期過後出現問題，也不必後悔以前沒有買額外保修期，儘量不受損失規避的影響，瀟灑地花錢消災。

還有一種類似錯誤是受沉沒成本(sunk costs)影響決策。已經花掉的、不能夠挽回的成本不應該影響決策。決策應該向前看，不是往後看。沉沒成本的錯誤與人們想避免損失有關。例如投資10萬元，然後發現這生意不能賺錢，即使不算已經投下的10萬元，往前看還是不能賺錢，則應該忍痛結束。很多人爲了避免已經沉沒的成本成爲確定的損失，爲了避免面對這損失，又連續多投下資金，以圖挽回，結果往往是造成更大的損失。沉沒成本的錯誤是經濟學與商業課程所強調的。根據學者研究，讀過經濟學或與商業有關課程的學生，比較少犯沉沒成本錯誤（詳見Kahneman 2011，第346頁）。

8.3 快樂的A到L十二個要點

下述快樂的A到L十二個要點，可能沒有涵蓋所有因素，但至少包括了許多很重要的因素。

A. Attitude人生態度

一個影響快樂的重要因素是對待人生的態度。正面、健康的人生態度會增加快樂，對社會也有好處。雖然筆者認爲終極而言，快樂是唯一有價值的東西，但只看自己的快樂卻不是正確的人生態度。不但從社會而言，從個人而言也是這樣。前文說過，助人爲快樂之本，已經被快樂研究的發現所證實（見如Harbaugh等 2007）。Binder與Freytag(2013)發現，從事自願義務工作，尤其是如果能夠持之有恆，有助於增加快樂，尤其是對於那些快樂水準比較低的人。Aknin等(2013)認爲親社會的傾向是人們的天生稟賦，在不同文化與經濟情況都會展現出來。而且，至少根據一些快樂學者的看法，從大我觀點出發，能夠獲得比只看小我的人更加快樂（見如于席正&江莉莉2012，第977頁）。孫中山先生說，人生以服務爲目的，從終極目的倫理哲學層次而言，雖然是錯的；在人生與處世態度的實行層次而言，卻是對的。能夠本著對家人、親戚朋友與社會做出貢獻的人生態度去生活，比較能夠獲得快樂。你對人家好，人家多數也會對你好，人際關係好是快樂的重要條件。還有，你幫助他人，自己也會感到高興，自尊心也會加強。子曰：「君子坦蕩蕩，小人常慼慼。」應該是對的。比較不自私，樂於幫助他人，願意提供無償社會服務的人比較快樂(Frey& Stutzer 2002, Bruni

& Stanca 2008)。

B. Balance平衡／中庸

中庸之道，不太過分的平衡法則，可以應用在很多方面。（甚至對時間的看法，平衡的態度也對快樂有正相關；Zhang等 2013）對敵人也不要做得太過分；對子女也不要寵愛得太過分。要有充分的身體鍛鍊或運動，但也不要運動過分。專業運動員多數短命。要積極工作，但不要成爲工作狂，像楊小凱，每天工作十二小時，每星期工作七天，但五十五歲就去世。工作時間太長對快樂有很大的負影響（詳見第8.1節），但太多的閒暇也可能有問題(Haller等 2013)。

C. Confidence信心

對自己要有信心，對前途要有信心。不是狂妄自大，不是盲目樂觀，是在認識主客觀條件下的審慎樂觀。不要因爲自己有某些先天或環境的缺陷、弱點，就對自己沒有信心或有自卑感。每個人總是有一些長處與短處。例如筆者，生來身高只有一米六。在發育時期或之前，可能還可以透過營養與體育鍛鍊來略微提高，但成年後，不能夠增加身高後，就應該把這個當成給定的，不去煩惱。我不期望成爲籃球好手，沒有問題吧？筆者學游泳，很多年才勉強能夠浮水；我不期望成爲奧運游泳健將，沒有問題吧？

D. Dignity尊嚴

一個人要活得有尊嚴，不要做損人利己的壞事。有些事雖然短期可能可以獲得物質上的利益，但往往失去自己的尊嚴，因爲做了壞事，自己內心不得不承認自己是壞人。而且往往心裏不安，擔心被人家報復。

中庸之道，要求尊嚴也不要過分。做人雖然不要太阿Q，但很多情形，退一步海闊天空，看開一些，不必每件事都斤斤計較。

E. Engage參與／投入

人是社會的動物，絕大多數人是從人際關係中獲得很大的快樂。即使有了任何方面的成功，自己一個人會感到快樂，但如果有家人與親戚朋友或同事分享，快樂會加倍。所以能夠參與各種有益的社會或人際活動，通常會增加快樂。

有一個固定的長期伴侶（夫妻或同居關係）以及與家人和朋友的關係，對快樂很重要。這種關係的斷絕（例如離婚或父母離婚）對快樂有很大的負影響（見如Helliwell 2003, Dolan等 2008）。根據世界價值調查的資料，Bruni & Stanca(2008)得出快樂與用在人際關係（包括家庭、朋友、自願服務等）的時間有很強的正相關。

「怎麼保持聯繫呢？

——與身邊最親近的人保持親密關係，包括伴侶、朋友、兄弟姐妹和孩子。

——自主地選擇一個社團，定期參加活動，與團體成員交流，讓大家分享你的想法。它可以是志願者協會、合唱團、瑜伽館、登山俱樂部、教會等等。

——富有效率地工作，並得到他人尊重。」（來源：幸福不找有錢人，《心理月刊》2010-08-27 17:57，專欄作者：大衛・塞爾旺—施萊伯，黃鈺書譯，轉錄自《意林》編輯部(2012)，第181頁）

但所謂engage，不只是社會活動的參與，也包括在從事不論是個人或人際活動時的投入。即使只是吃可口的食物，也要能夠專心投入對美食的欣賞，才能夠獲得比較大的快感。因此，在吃很好吃的食物時，應該避免太分心。筆者用在吃東西的時間，每天平均大概接近兩小時；單單吃一頓早餐的時間，不包括準備的時間，就用了半小時。

Scitovsky(1976/1992)區分舒適性物品與刺激性物品。人們對前者的適應性很強，住舒適的豪宅，很快就習慣了，不能繼續從之得到快樂。讀小說（不論是武俠、偵探、言情，隨人所好）或益智讀物，可以比較持久地獲得快樂。這也可以說是一種參與。關於做一些簡單的活動，就可以增加快樂，見Lyubomirsky(2008)，Lyubomirsky & Layous(2013)。

看太多電視而對其他活動參與不夠，也減少快樂。例如Frey等(2007)認爲，由於看電視成本很低，而又立刻可以獲得利益，使很多人用太多時間看電視，而減少其他參與性比較強的活動，反而減少快樂。這對於那些自制能力與預見能力比較低的人更是這樣。

F. Family/Friends家庭/朋友

人際關係中很重要的是與家人與朋友的關係，尤其是夫妻之間，關係是否好，對快樂有非常大的影響。一定要維持好與家人與朋友的關係，避免爲了比較不重要的東西（如金錢）而影響這關係（詳見第7章後半部的論述）。

G. Gratitude感恩

華人傳統很講究「知恩圖報」，至少不可以恩將仇報。這會造成對方的強烈不滿，甚至是社會的譴責，長期而言，多數對自己也不好（詳見第12章）。

感恩不只限於對有幫助過自己的人，也包括自己生命的來源，包括父母的生育與撫養之恩。相信上帝的人，還包括造物主之恩。（關於感恩對快樂的關係，見Ruini與Vescovelli 2013）我們不是唯物主義者嗎，怎麼會有造物主？筆者在二〇一一年八月由復旦大學出版社出版的《宇宙是怎樣來的？》一書（黃有光 2011b），在唯物主義的基礎上，根據五個非接受不可的公理，證明創世者在大宇宙的漫長歲月中進化而來，並創造了我們的小宇宙（或與之同樣的一個）。這論證也以英文論文形式，發表於*Journal of Cosmology* 2011。這是由美國Harvard-Smithsonian天體物理學中心的科學家與英美澳的科學家（包括著名的Sir Roger Penrose）所主編的期刊。這論證回答了科學界與宗教界都不能夠回答的問題：我們這個宇宙是怎樣來的？科學界說是從137億年前的大爆炸而來所的，但不能回答：大爆炸從何而來？宗教界說是上帝創造的，但不能夠回答：上帝從何而來？筆者甚至對「大宇宙是怎樣來的？」這個問題，也有論證。

來自華盛頓大學的上海交大物理系長江學者敖平教授從書局購買此書，讀後，邀請作者於二〇一一年十二月到交大作學術報告與公開演講，可見物理學界也有學者對此書有不錯的評價，並不是筆者跨越學科的無稽之談。

我們有這個人生的機會，應該高興有機會來享受這大體上快樂的一生。如果你認為你是不快樂的，那你應該認眞檢討，設法把不快樂的一生，改變爲快樂的一生。希望對本書的仔細閱讀與思考，能夠幫助你增加快樂。根據學者的研究，絕大多數國家的絕大多數人民，認爲自己是快樂的。

H. Health健康

健康對快樂非常重要，大家應該都知道，但絕大多數人卻沒有用足夠的時間、金錢與精力來保持與促進健康。很多人都說，知道運動很重要，就是沒有時間。（關於運動對健康的正相關，見Huang & Humphreys 2012）這是大錯特錯的！如果你時間太多，可以不必運動；如果你時間不夠，則非運動不可！包括打少林拳與太極拳，筆者每星期用大於十小時的時間在鍛鍊身體。如果你每天用約一小時的時間進行鍛鍊（例如早上鍛鍊半小時，睡前打太極拳半小時；但也不要運動過分），則你睡眠品質會比較好，可以少睡至少半小時，每天精神還會比較好；工作品質比較高，工作時間可以減少至少半小時而提高產量；每天的休息時間也比較有精神，可以比較高度地享受人生樂趣。所以說，運動並沒有用掉時間。短期內（持續運動幾個星期後）就已經節省了時間；長期而言，你還可以多活至少十多年。運動讓你賺取時間！因此，同意「人生苦短、譬如朝露，去日苦多」的人，更加必須運動。

除了運動，關於健康，也請讀第7章的有關論述。這裏再加上幾個小點。針對中國的傳統情形，建議健康的五項小替代：

(1)以牙線替代牙籤，因爲有效得多，又比較不損壞牙齦。

(2)以公筷替代私筷挾共用的菜肴。

(3)以全穀麵包替代白麵包。

(4)以雜糧（如小米、黑糯米、蕎麥、紅薯、玉米、山藥、芋頭等）替代至少一半的白米飯或白饅頭。

(5)多吃蔬菜與水果，並以生菜（必須很清潔）替代接近一半的熟蔬菜。

Blanchflower等(2013)根據英國的資料發現，多吃蔬菜與水果的人比較快樂，上限是每天吃七份（一個平均大小的蘋果是一份）。

再加上一點，筆者在廣州時，發現父母親與祖父母親們給他們的幾歲的孩子穿很多衣服。像十一月中，廣州早上17℃左右，沒有風，又有大太陽，筆者脫光上衣在陽光下運動（在墨爾本5℃時，只要有陽光而沒有大風，也是脫衣運動），看到很多三

～五歲的孩子穿了三四層厚厚的衣服。這對孩子的健康成長肯定是不利的。那些父母親與祖父母親們大概很怕孩子著涼，卻忽視了長期的抵抗力。筆者在西方，經常看到年紀比自己大的老人穿得比筆者少，而在東方卻經常看到年輕人穿得比筆者多很多。至少一部分原因是從小被嬌生慣養，習慣穿太多衣服了。應該學逐漸少穿衣服，多曬太陽，至少男生應該這樣（關於太陽和健康與快樂的正相關，見Kaempfer & Mutz 2013）。

I. Ideal理想

每個人都應該有一個或多個理想。筆者中學時期的理想是要幫助在馬來亞（後來成爲馬來西亞的主要組成部分）建立共產主義社會。不必每個人都有宏偉的經邦濟世的理想，但至少應該有一個比較現實、比較能夠實現的理想，例如希望身體健康、家庭美好、事業有成、一生大致快樂。如果是基於比較合理的期望，也可以有比較具體的理想，例如有些人希望成爲某方面的企業家，有些人希望成爲某方面的學者……等等。期望可以相當高，但要避免不實際。如果事實證明不能夠實現原來很宏偉的理想時，不要悲觀失望，可以調整理想，退而求其次。原來理想成爲大企業家，能夠成爲小業主也不錯；原來理想成爲大科學家，能夠成爲成功的老師也不錯。

有健康的理想，在爲實現理想而工作的過程中，在理想逐步實現中，都會很快樂。

要有怎樣的理想？有三個要點。第一，要看自己的主觀條件，比較優勢與劣勢。如果你有像筆者的條件，不要夢想成爲運動健將；如果你有姚明的身材，可以考慮打籃球。第二，要看客觀條件，選擇在自己的情形，能夠在這種客觀條件比較容易實現的理想。第三，理想應該利人利己。捨己利人的理想，在絕大多數情形並不現實，也很難實現；損人利己的理想，不但對社會不利，至少長期而言，也很難實現，多數會適得其反。

J. Joyful開朗

一個人大多數時間是開朗、心情好，或是經常鬱悶、心情壞，很大程度上取決於此人生來的性格。其次是此人的成長過程與處在的環境，尤其是人際關係。然而，性格也不是完全不能改變(Boyce等 2013)，也並非完全不能夠自己有意地使自己比較開朗。比較容易做到的是避免讓自己處於會使自己心情不好的情形，包括避免去會使你傷感的地方，避免與會使你不高興的人接觸。其次是多做一些會使你高興的事情，包括讀幽默小品、看好笑的電影或錄影帶。如果有機會，爭取和黃有光（或類似他的人）吃飯，他不時無拘束的大笑，應該會使你也開心。還有，可以不時提醒自己，要比較開朗些，忘記煩惱。

K. Kindness仁慈

孟子說，「惻隱之心，人皆有之；羞惡之心，人皆有之；恭敬之心，人皆有之；是非之心，人皆有之。惻隱之心，仁也；羞惡之心，義也；恭敬之心，禮也；是非之心，智也。仁義禮智非由外鑠我也，我固有之也。」也就是說，孟子認爲仁義禮智是人天生稟賦就有的情感。筆者不敢肯定恭敬之心是否是天生稟賦，但惻隱、羞惡與是非之心，肯定是天賦的，至少有很大的天賦成份，雖然這並不排除後天的影響。這種天賦的情感，有助於人們之間的合作，而人類是靠群居合作而生存的。這解釋爲什麼人有仁義禮智的天賦。[1]

1 關於人類感情與道德感、行為的生物學基礎，見Hauser 2006, Konner 2002, 關於猴子對公平的感受與行為，見Brosnan & de Waal 2003。幾年前，Richard Ebstein等以色列科學家發現，大腦內的多巴胺D4受體基因(Dopamine D4 Receptor)與人們的利他主義行為有很多的正相關(Bachner-Melman等 2005)。人們對公平的感受與行為，也會由於大腦內的前額葉皮層背外側區DLPC(dorsolateral prefrontal cortex)受到電流的干擾而喪失(Knoch等 2006)。宗教或宗教式信仰也加強人們的社會性發展，有利於生存。關於宗教的生物學基礎，上帝基因(DRD4)的存在，以及刺激大腦某個部位能夠引致「天地與我共生，萬物與我為一」的神秘宗教式感覺，見Comings(2008), Hamer(2005), Persinger(1987), Tiger & McGuire(2010)。

在一定的程度上，每個人都有一些仁慈與正義之心。這天賦的仁義之心，又受教育、示範、經歷等影響，使有些人的仁義之心加強，有些人的減少。由於反右、大躍進與文化大革命的洗禮，中國大陸人民的仁義之心或受到巨大的創傷，或被遏制而沒有展現出來。這是當前大陸的道德危機的主要原因（詳見第12章）。

既然人們天生有仁義之心，則人們做幫助他人等好事，自己會快樂。仁義之心的加強，不但對社會有利，自己也能夠增加快樂。

L. Love愛

記得大約初中時，讀到：「生命誠可貴，愛情價更高，若爲自由故，兩者皆可拋」。可能有些人認爲有些誇大，但愛情的重要，是不容置疑的。不考慮極少數的人工受孕，夫婦或男女之間的性愛，是人類傳宗接代的必要條件。爲了使完成這偉大的使命，我們有從中獲得巨大快感的天賦本能。如果又加上學習，尤其是同一對夫婦之間的長時間學習與相互配合，能夠使人們獲得難以形容的高度快樂。有配偶的人明顯比較快樂，這是一個重要原因。婚姻與家庭的重要性也由此可見。

一九七〇年代左右的反戰人士在遊行示威時，很多手持「Make love, not war!」的標語。這同時表示愛對快樂的重要，與戰爭對快樂的重大危害（關於後者，見Frey

2012）。

女子需要九月懷胎，數年養育才能傳下自己的基因；男子只要半個小時，就能夠完成使命。因此，男子有「毛克情結」（「克」指美國前總統克林頓）、朝環暮燕（指楊玉環與趙飛燕）。（詳見筆者在中國的財經網、財新網、搜狐網或新浪網博客的有關文章）然而，雖然天生有這種衝動，但眞正的長期滿足與快樂，卻要靠穩定的配偶。多數國家，不論合不合法，可以用金錢買到性服務。但依靠金錢交易甚至一夜情的人，並沒有那些有穩定配偶的人快樂。根據Blanchflower & Oswald(2004b)，性活動與快樂有很大的正相關，但與高收入沒有相關，而且這正相關對教育水準比較高的人更加重要。只有一個性關係伴侶的人，快樂水準最高（同性戀與快樂沒有顯著的相關性）。老話「男大當婚，女大當嫁」是對的。這不只是性方面的需要，還有生活上的相互照顧，「疾病相扶持」、談話對象等因素。人是社會的動物，一個人獨居，在現在的社會雖然沒有以前那麼可憐，但還是不如雙棲好。

愛，不侷限於男女之間的性愛與愛情，也可以包括對他人甚至動物的愛心，但這可以說已經在仁慈一項論述過。這裏只補充一點關於父母對子女之愛。這有天賦本能的因素，絕大多數情形是過分寵愛，反而對子女的成長不利。尤其是獨生子女的情形（這在中國現在是多數情形），應該避免。

關於對待子女的一個問題，與教育制度有關。不論是由於教育制度與社會的影響，還是因爲「愛之深，責之切」，現在絕大多數父母親對子女的考試成績要求太過分，不利於子女的快樂，也不利於子女的將來。關於教育制度的改革，希望以後有機會討論，這裏只談不要對子女要求太高。只講三點。

第一，把子女送入名校，未必有利。如果自己的孩子沒有那個水準，而必須辛苦掙扎，反而有害。相反的，快樂對教育，尤其是父母的高教育水準能否傳給子女，很有影響(Samuel等 2013)。

第二，塡鴨式的拚命讀，拚命補習，也未必有利。臺灣銀慶貞等(2012)的研究發現，「若同時考慮自我選擇與起始能力，不論線性或允許遞減的補習成效都大幅下降，且都不顯著。」簡言之，即使只是看對考試的成績，補習實際上並沒有用，遑論對創造性與快樂的負作用了。

第三，筆者自己的經驗。我於二〇〇七年獲得澳大利亞經濟學會的最高榮譽——傑出學者(Distinguished Fellow)。在領獎的晚宴，經濟學會的主席（Bruce Chapman教授）跑來坐在我旁邊，問我，「你爲什麼創造性這麼高？」這是第一次被問這問題。我想了約兩秒鐘，說，「應該歸功於我的媽媽！」除了是父母所生，還因爲我小時候，我媽媽經常說，「小孩子讀書，一定要等到他自己願意讀，才有辦法。」因此，雖然她偶爾會問我，「作業做了嗎？」，大體是採取自由放任的政策。而我不論有沒有做，多數會說，「做了！」我爸爸忙於工作，也完全不過問我們的學習，但每個月準時給我們學費，每天給我們零食費。因此，我小時候，完全沒有必須讀好書的壓力。

有些老師採取傳統的高壓政策。二、三年級時，有一次全班有五個學生（包括我）默寫不及格，被那位很嚴厲的徐老師叫出來責罵，每個人還挨老師用藤鞭打手心五下。我看到其他每個同學被打一下，就縮回手吹摸。老師講，「快伸回手！」兩三次，才勉強伸出手。輪到我的時候，我一口氣接下了五次藤鞭。徐老師鞭完我後，還說，「鐵手！」其實我哪裏是鐵手，痛得要死！我只是想，肯定很痛，爲了減少總痛苦，必須減少痛苦的時間，與其縮回手，不如讓他快快鞭完！可見我從小就很有理性（至少在某些方面）。但是，這種高壓政策，對我一點用處也沒有。被打過後，完全沒有要讀書，以避免以後又被打的想法。

相反的，差不多同個時期（肯定是在我用了四年時間讀完二三年級的時期，因爲留級兩次），有一位林有日老師，他從來沒有採用嚴厲責罵與鞭打的政策。他甚至避免在班上公開責罵學生。有一次，在我變本加厲，越來越沒有交作業（主要是寫大小楷與鉛筆字）後，他叫我課後到教師休息室找他。我站在他的辦公桌邊，他就細聲問我爲什麼不交作業。好話說了很久，到最後用哀求的聲音，希望我交作業。我記得當時一言不發，但感覺比被徐老師鞭打五下還難受。我想我是一個學生，做到被老師哀求，眞的很丟臉、不好意思、不合情理。但在我被鞭打的時候，或被老師罰在全班同學面前，雙手交叉拉耳朵蹲下站立的時候，都沒有這種丟臉的感受。我雖然沒有說話，但當時下定決心，以後要交作業。過後眞的有交作業，但堅持了幾個星期以後又逐漸少交了。這位好老師也於幾個月後離開學校。

有一次，我因爲在上課時講話，被老師罰雙手交叉拉耳朵蹲下站立。下課後，有一位同學（記得是女同學）還同情我，說，「其實你不必做得那麼多次。」她的意思是，我不必做得這麼快，可以節省一些力氣，不必太辛苦。

我想，由於我父母親採取自由放任的政策，我對一些老師的嚴厲方法又以「鐵手」應付，不受影響，所以小學時自由放任地玩，中學時自由放任地從事學生運動，所以創造性沒有受到太大的影響。

8.4 個人對環保的貢獻

如果沒有進行環保，世界很可能遲早滅亡，我們的子孫不能夠生存，遑論快樂？雖然環保大體上必須由政府與各國的合作來進行，但個人還是能夠做出對環保的一些小貢獻。一個人的貢獻雖然微不足道，但如果很多人都實行，則會有相當作用。而且，從個人而言，也可以把自己的貢獻當成一種義務與成就，那就可以從個人的貢獻中獲得快樂。個人如何對環保做出貢獻呢？只談幾個要點。

首先，一個要點是避免各方面的浪費。絕大部分的生產與消費都多少會對環境有所危害。在消費上減少浪費，不但減少了消費上的環境危害，也間接減少生產上的環境危害。環保者不但要避免暴殄天物，還要減少不很必要的消費，尤其是炫耀性消費方面的支出。例如，「弊廬何必廣，取足蔽床席」，不需要以富麗堂皇的房子來炫耀（但弊廬還是需要的；關於擁有房子對快樂的關係，見Hu 2013）。這樣，不但減少建材，節省空調與取暖的能源，還節省維修與清潔的工作。筆者有一位博士生，任講師或資深講師後，買了一間等於筆者的房子超過三倍大的房子。當他驕傲地帶我參觀各個大房間時，問我說，「您心動了吧」？我不想掃他的興，沒有說什麼。實際上，當時我心中想，「謝天謝地」！

其次，在避免浪費上，尤其是要避免能源方面的浪費，因爲能源的消費有很大的環保危害性。在這方面，個人至少有幾個方面可以注意。第一，避免夏天空調開得太冷，冬天暖氣開得太暖。冬天可以多穿一些衣服，室內溫度不必太高。這也可以避免空氣太乾燥，避免室內外溫差太大，對健康有好處。很多辦公室、餐廳、商店等，夏天凍到你必須加衣服；冬天熱到你必須表演脫衣舞。這不但浪費能源，增加溫室氣體的排放，還使人們很不方便，眞的是十分浪費！環保者應該像筆者一樣，不時向有關負責人哭訴。筆者不但避免在辦公室開燈，除非很陰暗，還經常關掉共用茶室的燈。

第二，少開車，多走路，騎腳踏車，或乘公共汽車、地鐵。隨著筆者家庭收入的增加與環保意識的提高，筆者家庭的汽車數目於約八年前減少百分之五十，最近兩年減少到零！

第三，在購買一些需要能源的用品（如電燈泡、電視機、冰箱、空調機、暖氣機）時，選擇耗能比較低的。甚至在買房子時，也可以選擇接近工作地點的與節省能源的。住在離工作地點近的地段，不但節省上下班的交通能源，也節省上下班的時間。離開工作地點比較近的地段，房子可能比較貴。不過，多數人高估這種一次性需要拿出來數目的重要性，而低估每天需要多花的時間與費用。

還有一個要點是不要隨地丟棄廢物，儘量廢物利用，廢物循環再生，減少不利環保物品的使用。例如，塑膠袋很不環保，應該減少使用，或重複使用。筆者的褲子口袋裏，幾乎永遠有一兩個備用的舊塑膠袋。例如有些賣午餐盒的會配給塑膠袋，筆者就可以用口袋裏的。

最後一個要點是，在各方面支持環保，透過交談、提意見、教育孩子與學生、寫文章，甚至以遊行、抗議等方式支援環保。筆者除了曾經簽名抗議澳洲政府沒有簽京都協議，還自己發過兩次電子郵件給當時的美國布希總統，抗議美國政府沒有簽京都協議。然後，筆者還把這電子郵件轉發給全學院的同事，建議他們也向布希抗議。

第9章　增加快樂的投資——刺激大腦享樂中心

一般而言，一項投資的「效益／成本」比如果能夠達到一年1.1以上（每年回報率百分之十；相當於十年後2.6以上；回報率百分之一百六十），就是非常好的投資。有一項投資的效益／成本比，比這個數字多幾百甚至幾千倍！這就是發展刺激大腦享樂中心的機件。

近幾十年的研究顯示，在溫飽與小康之後，收入與消費的大量增加並不能大量增加人們的快樂。每個人還是要多掙錢多消費，然而其作用主要被人際之間的相互競爭所抵消。其次，人們對適應性的估計不足，人們以爲增加消費能夠大量提高快樂，實際上只是提高短期快樂，當人們適應了高消費之後，快樂並不能長期提高。因此，如果環保跟不上，經濟發展甚至可能減少快樂。

然而，有一個簡單的辦法，能夠長期與大量增加人們的快樂，這就是刺激大腦享樂中心。對於至少超過5億已經小康的中國人口，即使每個人的消費每年能夠增加一萬元，快樂並不能顯著增加。然而，這5億人，即使每人只是貢獻一元，或者從國庫撥款五億元，就有足夠的經費製造出一種人們能夠安全用來刺激大腦享樂中心的機件，大量提高快樂。估計這種機件，在大量生產之後，每件的生產成本應該會比一部電視機還便宜。不過，我肯定，如果有需要，我願意以至少十萬美元的價錢來購買。從另外一個角度看，給我一部這種機件，比給我幾十億美元還更能提高我的快樂，效益／成本比是以千倍萬倍來衡量的。

早在五十多年前，奧爾茲與米爾勒（J. Olds & P. Milner 1954）試驗顯示，如果對老鼠大腦的一些部位施加電流刺激，老鼠會自發地回到該地，尋求更多刺激。進一步的研究發現了可分別產生快感（內側前腦束、隔區、邊緣區及下丘腦區）、痛感以及曖昧或混和感覺的大腦區域。用電流刺激人的大腦某些「享樂中心」，可以緩解病痛和誘發極度的快感。電流刺激大腦帶來的快感是如此巨大，使老鼠甘願為之放棄進食和交配。刺激大腦還可以當作增進快感的「導火線」來使用。例如，黑斯（R.G. Heath 1964，第236頁）報告說，「（來自刺激的）強烈快感類似於性興奮的感覺，而且在大多數情況下，患者會自發的到達性高潮。……該名女患者已是第三次結婚，在接受腦刺激之前……從未有過性高潮的體驗，但是自那以後，她每次性交時都能達到高潮」。一旦適當的神經元被啓動，它們對刺激就更爲敏感，這是因爲建立起了正確的神經通路。

和吸用毒品不一樣，刺激大腦對健康沒有不良影響。只要用法得當，每天持續接受刺激大腦一段時間並長期堅持（例如每天幾小時，如此數年）沒有任何不良反應（M.M. Patterson & R.P. Kesner 1981）。因此，如果說刺激大腦上癮有什麼危害的話，唯一的可能是它會使人荒廢自己的責任，以致影響他人（尤其是兒女）的福祉。不過，儘管刺激大腦產生的快感非常強烈，我估計對它的心理依賴也不會達到這種程度。對刺激大腦上癮的老鼠會不停地尋求這種刺激直到累垮爲止，但是人「每天只需要半小時就足夠了」。與其他的快樂和目標相比，刺激大腦提供的快感對人類來說並不是不可或缺的。如果你相信神創論的話，也許上帝把我們造成這個樣子，是爲了使我們不但能造福於自身，而且能造福其他動物。即使刺激大腦眞的會造成嚴重的心理依賴，我們也可以用法律或者技術上的手段來限制其濫用，例如能夠用來刺激大腦的電流只在晚上七到十點供應。

最妙的是，刺激大腦的快感沒有邊際效用遞減。我們日常生活中的吃喝玩樂等享受，是透過對感覺神經的刺激再傳到大腦。這種快感有很強的邊際效用遞減作用（邊際遞減包括透過抑制作用來達到；見如Simons & Gallistel 1994）。肚子餓了，吃新鮮有營養的食物，會有很好吃的感覺；吃飽了，邊際效用減少到零，甚至是負效用。這是造物主或進化的安排，使我們及時進食，而又不過度。但是，對大腦享樂中心的直接刺激，沒有透過周圍的感覺神經，沒有邊際效用遞減的作用。而且其快感跟新奇與否無關，因而能長期保持。此外，刺激大腦引起的快感的強度不隨持續時間的延長而下降（不論是持續不斷的刺激，還是連續數年每天接受一次刺激）。因此，刺激大腦帶來的巨大快樂增進會長期保持，並且能透過刺激技術的不斷改進而得以提高。

也許有人擔心刺激大腦會大大削弱人際間的關係。如果一個人只需撥動按鈕就能自得其樂，他就不會花心思去培養人際關係。其實，這種可能性很小。即使刺激大腦可以帶來很大的快感，也不會影響人類對友情的本能渴求。其次，刺激大腦帶給人的滿足感似乎不能與完美的性關係相比，因爲後者能同時產生對大腦多個部位的刺激，並且有親密的肉體接觸；它似乎也不能與最高層次的精神滿足相媲美。刺激大腦提供的快感能填補許多人這方面的不足，使人變得幸福而隨和，這樣也許能減少人與人之間的摩擦，改善人際關係。最後，即使人際關係眞的淡漠了，刺激大腦帶來的益處還是很可能遠遠超過這一損失。人們如果能夠透過刺激大腦而得到快樂，多數人就不會去犯罪、去吸毒，因而可以解決許多社會問題。

雖然刺激大腦能大量增加我們的快樂，然而，六十年來，除了一些零星的科研試驗和一些臨床應用之外（例如Bolognini等 2009; Deuschl等 2006; Lozano等 2008;

Weaver等 2009），刺激大腦的巨大潛力尚未得到充分的發掘和重視（關於刺激大腦的文獻綜述，見Nitsche等 2008; Wassermann等 2008; Hu等 2012; Hariz 2012; Abosch等 2012; Grant 2014, Racine等 2014）。一方面西方（尤其是美國）受基督教的影響，對刺激大腦有非理性的負面看法；一方面西方法律對於涉及人類試驗的限制條例太嚴，很難進行有效的試驗。我希望中國能夠大力加強對刺激大腦的研究，使之最終能被廣泛應用。中國在這方面對人類的貢獻，很可能會遠遠超過中國古代四大發明。

有評論者問我，「人體試驗的時候，您願意當志願者嗎？還是等中國拿死刑犯研究好了，再供您這位西方軍師享用」？我斬釘截鐵地回答說，「人體試驗的時候，我非常願意當第一個志願者」！

透過吸毒來刺激大腦，雖然有短期的回報，但長期會由於損害健康與上癮而有害，遠遠沒有直接刺激大腦享樂中心有效與安全。有評論者認爲刺激大腦享樂中心，「其實就是一種對身體無害的毒品」。毒品是因爲對健康有害才叫毒品，如果能夠增加快樂而無害，是大大的「益品」，怎麼會是毒品呢？

爲什麼人們對直接刺激大腦來增加快樂有很大的保留與負面反應？

我雖然不是生物學家（但曾經在生物學審稿期刊發表過多篇論文），對上述問題還是提出進化生物學的解釋（可能還有其他原因，但我不知道）。人們天生有保守的傾向，不大敢嘗試新奇的事物。這種保守的傾向，減少我們因爲亂吃東西而中毒，亂冒險而死亡。（不過，人類又有天生好奇的傾向，尤其是年輕男子更有冒險的傾向。）適當程度的保守，不但能夠增加我們生存與傳宗接代的或然率，也增加我們的快樂，因爲死了就不能享樂。但過分的保守，放棄能夠大大增加我們快樂的大腦刺激，就不理性了。

其實，我們每天所做的各種事情，絕大多數都是在刺激大腦。但這些刺激都是透過我們的週邊感覺神經系統（包括觸覺、視覺、味覺等），而不是直接刺激大腦享樂中心。刺激大腦並沒有什麼不好，只要是安全與有利的刺激。多製造污染對人類的威脅比刺激大腦大幾千倍，但在溫飽與小康之後卻不能增加快樂，刺激大腦能夠大量增加快樂，爲什麼不要？無理性保守！

除了刺激大腦，還有其他可以透過高科技而大量提高快樂的方法，例如基因工程，但這要比刺激大腦更加謹慎，以免弄巧反拙。需要進行很多的研究，但已經有一些有關知識。例如，「把老鼠的P311敲掉，能夠大量減少痛苦難以忍受的程度，而保留激烈反應不受影響」（Shriver 2009，第118頁）。又如，有5HTT（一個叫serotonin transporter gene的基因）的人，多數會有比較高的生活滿意度(De Neve等 2012)。對這類問題有興趣的讀者，可以上網查The World Transhumanist Association或Humanity+。

小康之後，經濟的進一步發展並不能透過提高消費來增加快樂，但透過科技的進步，卻有可能使我們的快樂水準翻百倍，甚至更多！

第10章 東亞的快樂鴻溝[1]

10.1 導言

儘管經歷了一九九七到一九九八年的金融風暴，亞洲經濟尤其是東亞經濟一直都在快速增長。筆者曾經毫不猶疑地說過，人民幣沒有理由貶值，亞洲不久還會高速發展。（一九九八年一月於香港開放大學和同年三月在澳門大學的演講）。現在我仍然這樣樂觀。我也仍然相信，中長期內澳洲、中國和馬來西亞貨幣對美元都會保持升值的趨勢（在實際匯率基礎之上），不排除會出現短期波動。（一九九三年在考慮人民幣問題的時候，我就說過那樣的話，後來果真人民幣大漲。不過，我卻沒有賺到什麼

1 本章取材自Ng(2002)。中文譯者：劉曉芳；原譯文出處：《資訊空間》創刊號（2003年12月），第50～80頁，但經過筆者修改。

錢。二〇一四年六月在新加坡的《怡和世紀》發表看升人民幣的文章後，人民幣幣值也大量回升。」

本章提到的東亞國家和地區包括中國大陸、香港、臺灣、韓國、日本以及新加坡，在某種程度上，也適用於馬來西亞和越南（尤其是其華人社會），但菲律賓（快樂指數高）、泰國及印尼卻不大容易歸到同一類中。

在過去的二十年中，雖然東亞（日本是個例外）在經濟上取得了長足的進步，但在爲國民謀快樂——這一人類的終極追求上卻僅差強人意。事實上，有學者(Cummins 1998)就全球各國人們的快樂水準做了一個比較，其中東亞國家和地區快樂指數最低。這應該能讓我們稍事停頓，去反思一些基本面的問題，比如，終極目的、價值問題，經濟成長的代價問題，經濟成長而人們不快樂的理由何在？如何來改善？可以採取的公共對策有哪些？

隨著東亞的快速發展，有人已經在研究並討論儒家精神是否會影響經濟增長這個話題了。但儘管如此，東亞的快樂鴻溝與儒家文化可能存在的關係一直都被嚴重忽略。我十分清楚這是一個敏感區域。然而，快樂是人生中至爲重要的終極目標，重要的是在一個開放的氛圍中展開討論，如果有更多的人來關注這個話題，才有可能進一步尋找合適的補救方法。

本章會涉及多個敏感話題，然而筆者自己生於斯長於斯，在這裏受的教育，從小薰陶的都是東亞文化，因此，希望本章能被當成是一個自己人的自我反省，目的是求改善，而不是被當成一個局外人在比手劃腳。

10.2 高收入未能增加快樂及東亞快樂鴻溝

快樂很難衡量，也難以做比較，個人快樂與否，完全依賴於自我感受（詳見本書第1與第4章）。許多經濟學家都對快樂能否量化持懷疑態度。然而，快樂是人類生活的終極目標，的確又至爲重要（見第2章）。對重大事物能做到粗略通曉，總比在無關緊要的事上精耕細作要強（人們銀行帳戶末四位數的平方根能準確地計算出來並用來比較，但它們卻毫無意義）。至少在概念層面(Ng 1997)，快樂大致是可以衡量的。目前已經找到了一種實際可用的方法，用以對快樂基本評估和人際比較(Ng 1996a)。雖然大多數評估手段都存在一些可比性問題，但也不是毫無一用。不同的研究人員得出的研究結果都極爲一致(Fordyce 1988)，而且都與某些特定問題保持高度的相關，例如與笑的頻率(Seder & Oishi 2012)、親友(Diener 1984, Schneider & Schimmack 2009)的評估有關聯，也與積極還是消極的體驗相關(Seidlitz, Wyer及Diener 1997)，甚至也和一些比如心跳、血壓(Shedler, Mayman及Manis 1993)以及大腦前額活動的EEG（腦電電位）等測度有關聯（Sutton & Davidson 1997）等等。如果有人非要在準確性上窮究到底，其實在準確度和可比度方面，即使連GDP本身也不是無懈可擊的（詳見第4～6章）。

來自心理學家、社會學家以及一批爲數不多但在日益壯大的經濟學家們研究表明，人們的幸福指數隨著其收入水準的提高而上升，不過這只是一種輕微上浮，一國之內是如此，不同國家之間也是如此。比如，以不同地區和不同文化來區分，北歐國家的收入最高，它的幸福指數也最高，其次分別是幾個英語國家美國、英國、澳大利亞和愛爾蘭，美洲中部和南部的國家包括巴西又在其次，緊接下來還有中東、中歐、南歐和東歐（希臘、俄國、土耳其和南斯拉夫），再來就是印支大陸地區、非洲，可是非洲並非排在最後的國家，排在後面的還有南歐和西歐（法國、義大利和西班牙）。最後一組是東亞（包括高收入國家的日本，韓國和中國）。新加坡的收入水準是印度的82.4倍，即使根據購買力平價調整後，也是印度的16.4倍。但是，這兩個國家的幸福指數卻旗鼓相當，且都高出日本一大截（見Cummins 1998; Cf.Diener和Suh 1999；Inglehart等 1998，表V18。許多前蘇維埃國家之前快樂期望值都高，但伴隨著轉軌解體，有很多年這些國家的快樂指數都非常地低）。

其他的一些衡量方法也同樣支持這一結果。若以生活滿意度爲準，東亞地區的得分也相當地低（中國大陸4.00，香港5.07，日本5.14，新加坡5.72），甚至低於一些低收入的國家（尼日利亞5.11，印度5.15，巴基斯坦5.49，秘魯5.77，埃及6.14，哥倫比亞6.20，澳大利亞6.23）（見Diener & Suh1999，第444頁）。Furnham和Cheng(1999)的研究也顯示了同樣的結果：日本和香港在快樂度上大大地低於英國。

東亞人民快樂最低，也有其他支援資料。例如根據Durex（2000, 2001）年對28個國家與地區的調查報告，每年房事平均次數，日本以36（2000年是37次）奪得倒數冠軍，遠低於亞軍的香港63次（2000年亞軍是馬來西亞的62次）。其他東亞地區也遠低於平均的97（96，括弧內爲2000年數據）與最高的美國124(132)，例如：臺灣65(78)，中國大陸72(69)。其他有關生活滿意程度的資料也大同小異（詳見Ng 2001）。根據二〇〇七年的調查，日本依然是倒數冠軍，但年平均次數已經增加到48，這與本書說過的日本提升是一致的。這年次數最高的是希臘的164次與巴西的145次。

根據二〇〇五～二〇〇七年的調查(http://chartsbin.com/view/xxj)，北歐各國的平均第一次性生活的年齡是16歲多一些，最年輕的是冰島的15.6，美國是18，而年齡最大的是馬來西亞(23)、印度(22.9)、新加坡(22.8)、中國大陸(22.1)、泰國(22.5)、香港(22.2)。

總體而言，各種研究都表明，在收入水準非常低的時候，收入與快樂之間關聯度更爲緊密。但儘管如此，在影響個人快樂的所有變數當中，收入決定快樂的比重仍不超過2％（Diener等 1993）。在同一個時段裏，錢多快樂多這種正關係並不適用於跨時比較（至少是在有這方面資料的發達國家）。比如，從一九四〇年到一九九八年，美國的人均收入翻了近四倍，然而感覺到快樂的人占總人口的比率平均都維持在30％上下，且沒有表現出任何上升的趨勢；另外一種美國平均快樂的衡量是在72％左右波動。而在日本，一九五八～一九八八年間人均收入增加了五倍還多，可是平均快樂人口比率是59％，也沒有上升趨勢（Diener & Suh 1997; Myers 1996; Frank 1999; Blanchflower & Oswald 2004a; Veenhoven 1993）。事實上，「在國家富有和人們快樂之間，如果存在任何因果關係的話，似乎也是快樂帶來經濟增長，而不會相反（Kenny 1999，第19頁）。」一個人越快樂，就可能意味著他／她找工作的能力越強，也更能勝任其工作；就是會議的主辦人也更願意邀請有幽默感的人來演講，甚至不惜爲他們支付更高的酬金。

研究還提示，一個人如果太執著於身外的追求（比如，聲譽、財富和形象等），而相對忽視了個人內在的修養（比如，修身、爲人、交際），就比較不容易快樂起來(Ryan等 1999)。「物質主義與主觀幸福感(SWB)是有負相關的。這尤其適用於那些信奉錢越多越快樂的人。」（Ahuvia & Friedman 1998，第154、161頁）

另外，一個人結婚與否（Myers 1996，第510頁），是有工作還是失業了（Winkelmann & Winkelmann 1998, Clark 2010），是否有宗教信仰並上教堂做禮拜（見於Veenhoven 1984, Kahneman等 1999之論快樂因素）等等，這些因素也會影響到個人的快樂，至少與其互爲相關。它們比起收入和金錢來，在快樂的影響程度上要重要得多。

還有，即使援引更多客觀生活品質指標來考察，結論也不會有太大差異。Easterly（1999）就一九六〇～一九九〇年間的有關95個生活品質指標的一組公開資料（涉及教育、健康、交通狀況、不平等、污染、民主和政治穩定性）進行分析，取得了某些顯著的成果。

事實上，所有這些資料確實都顯示了相同的結果，即在不同的國家之間，生活品質與人均收入呈一種正比相關的關係。雖然如此，當用第一級別分析法或鎖定效應法而不考慮帶來的國別效應的時候，經濟增長之於生活品質的正比關係就處於一種不確定狀態，通常也是不存在的。Easterly發現「隨著收入的增加，生活品質既有可能得以改善，也有可能惡化，兩者的機率差不多是相等的。……在第一級別的69個差異指標當中，62%的指標都會隨著時間的流逝而生活品質變得好轉，這主要在於時間的作用，而與收入是否增長相對關係不大（Easterly 1999，第17，18頁）。以鎖定效應法來分析，即使對於81個指標當中與收入正面相關的20個指標而言，其中一半更依賴時間的作用。」

這些結果令人驚訝，它也不能歸罪於收入分配的越來越不合理。在任何一個國家中，經濟是否增長和收入的多少都不是影響生活品質最主要的因素，人們的生活品質更多地取決於科學、技術及其他科研成就的水準。這就需要增加公共投入，而不是提高私人消費。多個研究表明，社會的進步程度在一個國家的年收入水準（以二〇一五年的物價爲準，大概在6千美元以下）還很低的時候，二者密不可分，一旦超過那個水準，這種相關性就會消失。在這方面有很多類似的研究成果。

10.3 一些反思

在對以上問題的分析、闡釋和尋求解答方面，我知道我難以做到盡善盡美。但是，我堅信快樂是人類至爲重要（即使不是唯一重要）的一件事情，所以甘願冒大不韙來做一些反思。也許，這些反思是不完善的、不成熟的，但他山之石可以攻玉，也未嘗不可能。

10.3.1 爲何還是金錢至上？

人們既然已經知道快樂才是終極目標，也知道錢多無益於增加快樂，爲什麼還會蜂擁而上趕著要去賺大錢、發大財呢？它也許可以解釋爲這樣幾種效應：環境公害效應，收入/消費攀比效應，不良適應性認同效應(Easterlin 1974)，拜物教效應。某種程度上說，想發財對於個人是合理的，因爲高收入仍然可以帶來快樂的邊際效應，如果一個人富有，就意味擁有了一定的身份、地位和名譽，而這些也是重要的快樂因數。但從社會角度看，個人之間的消費攀比最終會讓大家同歸於零，整體上也不會帶來任何好處。此外，生產得越多，消費越多，而這種社會環境造成的公害效應，可能會讓人們陷入萬劫不復之境。除非這能帶來知識的進步，否則我們經濟的增長將以削減福祉爲代價（關於減低福祉的增長welfare-reducing growth，見Ng & Ng 2001）。中國大陸在取得中等生活水準之後（解決了溫飽並達到小康水準），爲人們長遠眞正的快樂著想，由於這些目標所能帶來的實際正面效應仍非常小，所以，爲了多賺錢，而不惜像很多人那樣（某種程度上也包括我自己）公然地去犧牲那些更重要的、能帶來快樂的東西，比如家庭、朋友、健康甚至安全和自由，這是不理性的。即使就個人而言，也是如此。但是爲什麼人們還是會做出各種不可理喻的選擇呢？很大程度上，這也許應該歸功於我們好斂財的本能和追求名利之心（天生的），以及商業社會中無所不在的廣告效力以及貴族影響力（後天的）（Ng 2003有更詳細的解釋）。

10.3.2 東亞快樂鴻溝：對其原因的推測

東亞地區不僅已經取得了較高的收入水準，而且還擁有高增長率，收入還在逐年增加。就此而言，人們應該比別人更快樂才對。然而事實卻相反。也許這便出現了所謂的東亞快樂鴻溝。由於快樂測度本身難保萬無一失，因而我們也不能十分確定鴻溝現象的存在與否。不過，在找到更堅實的證據能將此推翻之前，倒是有足夠的證據可以支援這一假設，不妨姑且一聽。

關於造成東亞快樂鴻溝的原因，許多解釋都能與上述金錢追逐論掛鉤。首先，高生產高消費帶來了一系列問題，比如，城市更擁塞，污染更嚴重，還有更多其他形式的環境公害，尤其在人口高度密集的城市和工業區，這些問題就更爲嚴重，東亞的快速增長爲什麼沒有伴之以快樂的增加，個中因由，可窺一二。當然，這些問題在西方社會也存在，但在東亞卻更爲突出，原因在於人口的高度密集和環境保護的負影響。要眞實地衡量一個國家進步水準，就需要將擁塞和環境公害等問題全部考慮在內，而傳統的GDP計量方式恰恰嚴重地忽略了這些問題，根據正確的衡量方法，增長率不會這麼高。

其次，一般都認爲東亞的競爭很強。這也是其所以能取得經濟成功的原因之一。然而，過於競爭不僅對個人對整個社會都會減少快樂。競爭的涵義之一，就是要努力超越別人。個人也許能夠做到出人頭地，但對整個社會而言，卻不能多數人都比他人強。如果不是用在有外部利益的地方，用在相對競爭的資源，是一種巨大的浪費。因而，人們應該在能產生外部利益的領域展開競爭，比如發現新知識，或做有益於社會的事。

佛教、印度教和道教都強調知足常樂，儒家文化與前三者也存在些微相通的地方，但它更重功利。在東亞，有些地區仍信奉佛教和道教，然而它們的影響卻已經日漸衰微，與之相比，佛教、印度教在印度卻全民信仰，深入人心。從這也可以看出，爲什麼印度的收入遠低於東亞其他國家和地區，而快樂程度卻比別人要高。

沒錯，一個社會是需要一定程度的競爭，才可以生存，但過度地求競爭無益於快樂增多。事實上，造成東亞太過於主觀強調競爭力的原因，也許就因爲這樣一種狀態已經延續了許多代。一個具有競爭性的環境，有利於那些有能力的人；反過來，這些人也會使整體環境的競爭力獲得提升，從而形成一種惡性循環。然而，這種惡性循環也不會完全不受到抑制，因爲過度的競爭還會產生多種負面效應。

第三，東亞人的教育方式以及整個文化的影響，也都造成高度的競爭水準（尤其是在正式應考制度中），但是這卻無益於眞正地提高創新能力，也妨礙了他們追求個人快樂和全民快樂。據第三次8年級學生國際科學和數學成績的調查報告顯示，東亞國家和地區（新加坡、臺灣、南韓、日本，中國大陸除外）的學生在全球38個國家中，包括澳洲、英國和美國的學生中，平均成績最高（數學平均分487，最高分：新加坡604，南韓587，臺灣585，香港582，日本579；科學平均分488，最高分：新加坡568，南韓549，臺灣569，香港582，日本550，匈牙利552）。對此，李遠哲（諾貝爾獎得主，臺北中央研究院院長）發表評論，認為「多數臺灣學生都擅於考試，他們高中階段的科學和數學成績都表現不錯。但是，高中一畢業，他們就精疲力竭了，等著要告老還鄉了……臺灣的教育體系嚴重地束縛了學生的好奇心，造成了學生創新的阻力。這非常不好。」這種情況在東亞的其他地方也同樣存在，它不僅遏制創新，也不利於人們追求快樂。

第四，東亞文化（尤其是它的教育體制）過分強調遵從、秩序以及集體的利益，相應地也會造成對個人主義、自由、因而還有對快樂的漠視。當然，不能過分講究個人自由，無節制、無限度地講究個人自由會影響別人的應得利益。西方社會在這方面權衡的結果，在某些方面略微過於注重個人主義，而東亞國家卻嚴重地誤入了方向相反的征途。造成這種重大分歧的重要原因，也許就在西方人的法律體系比較有效，可以防止個人自由過度膨脹的副作用。這就意味著如果東亞國家也能加強法律體系的建設（香港和新加坡在這方面已經取得了明顯的功效），就有可能朝著重視自由和個人主義的國家方向發展，並提高人們的快樂水準。

研究快樂的專家還指出：「……在拉美國家，如哥倫比亞，人們認同愉悅感的價値……相比之下，儒家文化圈，比如中國，卻傾向於避樂求苦……在中國，理想的無憂生活是一種中庸狀態——既沒有滿足，也沒有不滿。」（Diener & Suh 1999，第443，444頁）遠東研究人員也同樣認爲，儒家文化中存在一種禁欲傾向。比如在儒家文化中……禁欲是一個重要元素（傅佩榮1989，第51頁），還有「一味追求享樂是低級的，甚至是可恥的」（Lu & Shih 1997，第183頁；以及Fang 1980，第153頁）。一個人如果從小在這樣一種環境中長大，你讓他/她如何能快樂起來。

禁欲傾向還展現在—東亞地區人們第一次性經歷的年紀普遍都偏大（中國大陸21.9，臺灣21.4，香港19，日本18.9），就全球而言，一般平均年齡是18.1歲，其中美國人年齡最低爲16.4，巴西16.5（上述來自Durex的一項調查）。

第五，東亞文化還過分強調面子問題。面子重於眞情實感，保住面子被認爲很要緊。在這些地區，面子問題人盡皆知。外表重於實際，這一點從東亞的建築風格就可窺一斑。北京的天壇從外表看上去極爲壯觀，可是再一看裏面，卻稀鬆平常。大多數西方教堂外表平淡無奇，可是內涵豐富，裝潢極盡工巧。我父親（生在中國，一九三〇年代移居馬來西亞）第一次來澳洲我家（租的公寓）的時候，他還想怎麼這房子（磚牆面）都不裝修呀。可是再一進到屋裏，他才覺得原來還眞是很舒服。在東亞，很多公寓都是浴室和廚房小，而客廳很大；在西方社會，人們管客廳叫起居室或休息室。同樣的房間在東西方社會具有不同的命名，從這點也可以看出二者文化上的差別，前者重外在觀感，而後者更在乎內在舒適度。不過，對於東亞人來說，客廳那麼大，多大程度是爲了能招待更多的客人，多大程度是爲了外觀顧全面子，還有待查證。

再比如，在考慮孩子的婚姻問題上，多數西方父母都將婚姻是否給孩子帶來幸福放在首位；而東亞父母首先考慮的是兩個家庭是否門當戶對，以及其他的客觀條件問題。對於他們來說，孩子的婚姻要讓自己面子上好看比較重要（至少相對於西方人而言），孩子是否會快樂還在其次。

當然，生物學上的因素也會影響到人們的快樂情感。但是，這是人爲的政策所更難以影響的（除非未來基因工程能得到安全應用），因此，在此沒有重點強調（關於刺激大腦可帶來愉悅，見第9章）。

雖然文化的差異是重要的影響因素，但它們的作用不應該被誇大。有些文化因素可能會影響到人們對快樂的追求（如Christopher 1999），因而不同的文化會造成差異，但是快樂理念和終極價值在不同文化中都應該是一致的。再者，從生物學上來講，人類的大部分東西都是共通的。正因如此，Maslow(1970)的幸福需求層次論是普遍適用的。我還相信，在終極目的上，快樂是人類理性的目標（見第2章），這是獨立於文化之外的（關於文化與快樂的關係，見Oishi 2010, Ye等 2014）。也許有人會認爲，我受西方文化影響太深，所以有此議論。我承認自己確實曾經受到西方文化的影響，但是我從小上的是中文學校，在馬來西亞和新加坡接受了華文小、中、大學教育，一直到研究生時才讀英文大學。即使到現在，中華文化給我帶來的影響仍比西方文化來得更爲深刻。像我現在讀的非經濟學的書，多半仍是中文書籍和雜誌，聽音樂多數也是華語音樂。我中文的讀寫速度是英文的兩倍。還有，我幾乎天生就是一個效用主義者。我能清楚地記得，大約在六歲左右，我就已經確確實實地是一個徹頭徹尾的效用主義者了。

有些專家過度誇大了文化的影響作用。比如，Lu & Shih(1997，第181，182頁)就說「在中文裏面以前就沒有快樂這個詞，它是近來才有的」，這就暗示對華人來說，快樂是一個最近才引進的外來概念。這肯定在誤導。快樂作爲一個現代中文短語最近才出現，或許是事實。但是，作爲古代辭彙，在中文當中無論是「快」還是「樂」都由來已久。比如，「樂」就古已有之：「有朋自遠方來，不亦樂乎？」、「樂不思蜀」，其中就清晰地表達了快樂的意思。我認爲，像快樂這麼原始的概念，是從很久以前，大概在進化成爲人類不久後，甚至之前，就存在普世所有文化的概念。

10.4　一些涵義

人們對快樂的研究還很不夠，而快樂本身又意義重大，之前得出的結論表明提高收入或加大消費未必能夠帶來更多快樂，這些都意味著應該投入更多的資源深入研究。如何來衡量快樂才能使得出來的結果更可靠，更具有可比性？東亞快樂鴻溝眞的存在嗎？生於東亞但生活在西方的人們也不快樂嗎？怎樣能讓人們更快樂？這些問題都非常重要，但是相關研究卻沒跟上。環境保護、公眾健康、教育、研究等等哪些公共問題需要得到進一步的重視，政府有必要增加公共投入（詳見Ng 2000b與本書第11章）。

沒錯，很多公共開支有高浪費低效率的問題。但是，多數人（包括經濟學者）對私人消費膨脹的危害性缺乏足夠的認識，私人消費過度會導致總體低效，它不僅會造成社會公共危害；而且會削弱國家與個人之間的競爭；還會產生適應性效應，這一點也被大大地忽視了；而社會宣傳效應會讓人們失去理性，產生過度的物質消費主義。不錯，我們不可以只看公共支出的利益，也要看成本。不過，經濟學家們未免高估了這筆成本，這種判斷源於以下幾點：一、經濟學家強調增加公共開支會造成賦稅的超額負擔，卻沒看到這筆帳絕大部分都可以得到抵消，因爲公共開支會產生一種負的超額負擔效應(negative excess burden)；二、忽視生產和消費會帶來危害環境的效應和攀比消費效應，鑽石效應會使稅收沒有負擔等；三、未能認識到，在非貧困國家消費再多也不能增加整個社會的快樂，這會使公共支出以快樂計算的成本等於零（詳見附錄E或Ng 2001）。

公共開支帶來負的超額負擔效應這一觀點，由Kaplow(1996)和Ng(2000a)論述。簡單來說，假定一種公共產品所帶來的利益與納稅人收入水準成比例關係，那麼，它也就有可能由比例收入稅來融資，而不會產生任何反激勵效應(disincentive effects)。按比例抽取個人所得稅本身也許會造成反激勵效應。但是，將稅金用於公共事業之後，就不會發生這種事情了。假設每100塊錢徵20塊錢的稅，難道人們賺錢的激勵，不會比沒有稅收、可以完全得到這100塊錢時減少？當然，如果人們的這些稅金都被扔進太平洋了，人們賺錢的激勵可能就眞的會減少。不過，通常稅金是用於公共開支的。而這支出對人們的價值應該比稅金高，不然，即使用效益比成本爲一的標準，這公共支出也是沒有效率的。例如將稅金用來保護產權，它所產生的效益與人們收入水準大致呈比例關係，這樣一來，或許每個人就有更高的積極性去掙得受保護的80塊錢，而去掙沒有保護的100塊錢的積極性反而比較低。

更重要的是，如果個人消費不再能給社會增加快樂，那麼提高公共投入，即使在金錢上成本很高，但卻不會付出快樂代價。因爲快樂是人類的終極目標，而金錢不是，成本/效益分析最終應該以快樂（相當於福祉）爲準則。

儘管高收入不能提升快樂度，我仍然相信經濟增長是利大於弊的。不過，經濟應該朝著更適當的方向來發展。首先，環境品質的保護應該擺在第一優先考慮位置。我們需要潔淨的增長，不要髒兮兮的增長；第二，我們希望增長能眞正地帶來更多快樂。這需要減少相互抵消的私人攀比消費，增加那些能切實改善我們福祉的領域的公共支出，包括提高研究經費的公共支出。

另外一個涵義是，個人和社會都應該更加重視比金錢更重要對快樂有貢獻的因素，例如健康、親友和精神滿足等。尤其是東亞的部分發達地區，有必要對東亞快樂鴻溝做出更多的反思。要意識到不理性斂財本性帶來的是種種錯覺；要控制自己的欲望不爲漫天的商業廣告所動；別老想著去與人相爭；把這種爭強好勝的本能壓一壓，多去想一想怎樣爲社會做貢獻；少掙點錢，這樣可以多去享受享受生活。如果能做到這些，東亞的快樂指數不僅會提高，而且若能緩解並重新糾正目前的不平衡發展狀況，對改善全球環境也是一個福音。

然而，在東亞仍有很大一部分地區，那裏多數人都還生活在貧困線上，經濟發展仍然能提高人們的快樂。從純粹經濟發展上看，或許亞洲開發銀行ADB及有關機構應該對這些地區，包括中國的西部地區，給予更多的關注。儘管如此，即使對東亞稍微發達的地區來講，ADB和這些相關機構也仍然可能扮演非常重要的角色，只要它們重視能眞正增加快樂的因素，比如公共健康問題、環境問題等等，尤其是科技和知識的進步。

第11章　快樂研究的一些政策涵義

衣食足而知禮義；溫飽之後，要重視經濟的進一步發展是否能夠增加人們的快樂，是很自然的。怎樣的發展才能更好地增加人們的長期快樂，是當今一個非常重要的問題。

11.1 快樂研究的一些政策涵義

快樂研究一個相當一致的結論是，在小康水準之後，經濟水準的繼續提高並不能增加快樂（詳見第5章）。對個人而言，比較有錢的人的平均快樂水準，比一般的與比較窮的人略微高一些，但有許多比金錢更重要的因素（詳見第7章）。然而，對全社會而言，人均收入水準的數以幾倍的增加，並不能顯著地增加快樂。爲什麼呢？

涵義一：由於相對收入效應，徵收收入或消費稅有糾正作用。

溫飽之後，在很大的程度上，影響一個人快樂水準的是相對收入或消費。有錢的人比較快樂，是因爲他們的收入比其他人高。然而，當全社會的收入水準隨經濟增長而增加時，不但你自己的收入增加了，其他人的收入也增加了。因此，快樂水準沒有顯著增加。由於相對收入效應，一個人（尤其是富人）的收入或消費的增加，減低其他人的快樂，可以說有外部成本，應該徵稅。傳統經濟學分析強調稅收的反激勵效應（打擊人們的生產積極性），認爲稅收有扭曲作用或超額負擔。其實，一般的收入稅或消費稅，即使單單從效率上而言，不考慮平等，實際上有糾正作用，超額負擔是負數（小於零）。

涵義二：由於對環境的破壞，徵收收入或消費稅有糾正作用。

對人們生存環境的破壞，隨著生產與消費之增長而增加。這在中國的情形，尤其明顯。世界銀行的Easterly曾經分析得出，隨著經濟增長，約有比50％多一些的生活品質指標上升，但也約有比50％少一些的生活品質指標下降。這也部分解釋爲何經濟增長沒有顯著增加快樂。另一方面，隨著時間與科技的進展，多數生活品質指標明顯上升。

涵義三：由於過度的物質主義，徵收收入或消費稅有糾正作用。

像松鼠與老鼠等動物一樣，人類也有累積的本能。加上人際競爭與無所不在的商業廣告影響，人們犧牲對健康、快樂、甚至生命更重要的東西，拚命賺錢。這對競爭性極強、物質主義橫行的東亞各國，尤其是中國更加明顯。像茅於軾所說，「用危害道德的方式賺錢，用危害健康的方式花錢」，長期快樂如何能明顯增加呢？

根據J.Gruber與S.Mullainathan(2005)的研究，對香菸徵稅，增加抽菸者的快樂，因爲少抽菸實際上對他們好。這也和傳統經濟學分析背道而馳（也參見Lucas 2012的反對論述）。

在大多數國家，上述三項，每項都應該徵收至少20%的稅。合起來，徵收4%至50%的稅，都還是屬於糾正性範圍，根本不需要擔心稅收的超額負擔。

可能有人認爲筆者估計太高。其實，根據Blanchflower & Oswald(2004a)的研究，人們認爲相對收入至少有絕對收入一半的重要性。因此，單單根據相對收入作用，就應該徵收約33%的稅。

關於環境破壞的嚴重性，更加明顯。很多環境科學家認爲人類只剩下二、三十年的時間來避免人類因環境破壞而滅亡。單單溫室效應或全球暖化這一問題，若沒有及時處理，就可能要人類的命。

二〇〇六年，不但英國皇家學會宣稱，人類經濟活動造成全球暖化已經是和地心引力與進化論同樣肯定的事實，連商界名人也出來強調環保的重要。那些到現在還不承認空氣污染、全球暖化等環保問題的嚴重性的經濟學者，不是躲在象牙塔，就是被其極端右翼的、認爲市場可以解決一切問題的意識形態所迷惑（詳見本書附錄B）。

其實，有效率地處理污染問題，對其徵收等於污染的邊際危害的稅，並不會造成很大的經濟負擔。如果只是工廠甲必須付污染稅，則其負擔很重，可能必須關門。如果只是中國必須減少污染，其成本也可能很大。不過，如果全世界各國所有造成大量污染的生產與消費，都必須付污染稅，則市場會透過價格的調整，生產者與消費者的調整，使絕大多數工廠還能繼續生產，而且污染稅的收入，可以用來進行環保投資。

有人認爲污染的邊際危害的稅應該是多少，很難估計。筆者(Ng 2004)論證，至少應該徵收等於減少污染的邊際成本的稅，而這比較容易估計。

當你在挨餓時，可能會說，寧願毒死，不願餓死。已經溫飽了，在長期與全社會而言，應該更加重視對快樂更加重要的環保、科技、衛生保健、教育等問題。

根據P. Cosier近日的計算，正像我們現在的人均實際收入是一百年前的七、八倍，如果地球的生態環境沒有被我們過度破壞，一百年後，我們的子孫的人均實際收入，也會是我們現在的五、六倍（如果以環保負責的速度發展）或七、八倍（如果以環保不負責的速度發展，而假定沒有中途滅亡或發展停頓）。聰明的讀者們，你們是願意子孫們有安全健康的生存環境，只有我們五、六倍的人均實際收入，或是爲了達到七、八倍的收入，而冒著使人類滅亡、子孫們根本沒有機會出生的危險呢？

下一節著重談對公共政策的涵義，上文已經談了快樂研究對個人快樂的涵義（第8章），及經濟與科技發展如何才能百倍提高我們的快樂水準（第9章）。

11.2 輕度的家長主義(Soft paternalism)

如果根據傳統經濟學的簡單分析，人們是有充分理性的，也具有相關的知識，所做出的選擇，是在有關約束條件下，把其效用極大化的。除非有像壟斷力量、外部成本（如污染）等造成市場失誤的因素，市場的自動調節「如水之向下」，自然會使經濟達到帕累托最優（除非讓一些人的情況變壞，不能讓任何人的情況變好的效率最高情形）。因此，除了可能需要適當的財富重分配，政府完全不需要干預人們的選擇。

不過，根據心理學與行爲經濟學的研究，人們的決策受資訊不充分的影響，又有很大的不理性成份（詳見第8.2節的論述）。若然，是否應該讓政府來實行中央計畫，才能夠達到最優呢？包括中國在內，許多國家在這方面的經驗，已經證實這多數會更加糟糕。市場有失誤，中央計畫未必更好。我們應該避免羅馬皇帝的失誤。傳說有一個羅馬皇帝，要選出全國最好的歌手，在全國舉辦比賽，得出最後兩個最好的歌手後，要透過殿試，由皇帝親自御定哪一位應該獲獎。皇帝聽完第一位歌手唱完後，馬上把獎牌賜給還沒有試唱的第二位歌手。怎麼知道第二位歌手（中央計畫/政府干預）不是更加糟糕呢？

像世界上許多事情一樣，在市場與政府干預之間的選擇，最好的不是全黑，也不是全白，而是適度的黑白相間、中庸之道。市場調節能夠大致有效，沒有重大失誤的地方（多數情形），由市場調節；市場有重大失誤的地方，例如環境的嚴重破壞，食品安全問題等，必須由政府補充。政府如果還是做得不好，則必須設法改進，總不能夠等死！除了極端右翼的無政府主義者，絕大多數經濟學者都會同意這種中庸之道。然而，對於第8.2節論述的一些理性不足的選擇，政府是否應該干預，則還沒有很一致的看法。筆者的看法依然是中庸之道。

首先，政府在這方面的干預，不能夠太細，不可以對人們比手劃腳。這不但增加行政成本，更重要的是影響人們的自由。自由對快樂有很大的正作用。即使人們的決策是錯的，政府是對的，政府也不可以在私人決策範圍取代私人。即使短期看來是改進的，對自由的影響，長期而言，多數會是災難性的。經過反右、大躍進與文化革命這三大災難的洗禮的中國人民，對自由的重要性應該有更加深刻體會。

當人們的決策有相當程度的失誤，後果又很嚴重時，政府雖然還是應該避免使用粗暴的手段，但卻可以考慮採取「輕推」(nudge)的方法。Thaler & Sunstein於2008/2009發表的書，就以*Nudge*爲名，論述如何用輕度的家長主義或符合自由的家長主義(libertarian paternalism)的方法，鼓勵人們作出更加適合的決策。其中一項建議是要求廠商給消費者的合約，必須簡單與容易理解。現在絕大多數合約不但長篇細字，內容也很難讀通，使多數消費者（包括筆者在內）連看也不看（參見Sunstein 2011）。Sunstein & Thaler（2008，第176頁）認爲，如果人們「有完全的資訊，無限的認知能力，又沒有缺乏自我控制」，就會改變那些違反自己福祉的選擇（參見Camerer等2003；對輕度家長主義的批評，見Qizilbash 2012。關於經濟條規對人們生活滿意度的影響，見Knoll等 2013）。

一項在西方國家很成功的輕推政策，在中國可能不需要，但可以參考其原則用在其他方面。多數西方國家人民的儲蓄率很低，多數國家實行以低稅率鼓勵，甚至強制要求人們儲錢在養老金帳戶的政策。美國國會極右的保守派與左傾的自由派(liberals)聯手透過「明天儲蓄多一些」(save more tomorrow)的輕推政策。這方案不要求人們馬上增加儲蓄，因爲這樣人們比較難接受。它要求當將來薪水增加時，自動開始增加儲蓄。由於不需要馬上減少消費，人們比較能夠接受。

除了美國，包括英國與南韓在內的一些國家都接受了輕度家長主義的政策。英國政府成立了一個小組，應用行爲科學來幫助政府。這小組的正式名稱是「行爲洞見隊」，但人們管叫它爲「輕推隊」。Richard Thaler教授是這輕推隊的顧問。

許多國家讓人們在駕照上選擇關於意外死亡時人體器官的捐贈。有些國家是採用「選擇參加」的方式，一個人必須簽名填寫願意捐贈，意外死亡後才可以採用其器官；有些國家是採用「選擇不參加」的方式，一個人如果沒有簽名填寫不願意捐贈，意外死亡後就可以採用其器官。換句話說，有些國家的默認選項是不捐贈；有些國家的默認選項是捐贈。人們完全可以選擇任何一個。然而，絕大多數人是根據默認選項，很少人選擇填寫與默認選項相反的選擇。因此，類似文化的國家，由於默認選項的不同，願意捐贈的百分比差別很大，例如在瑞典是86%，奧地利是接近100%，而在德國是12%，丹麥是4%（詳見Johnson & Goldstein 2003）。

絕大多數人並不強烈反對捐贈，但也很少人強烈要求捐贈。因此就隨默認選項，沒有採取填寫與默認選項不同的選擇。不過，所有國家都很缺乏可以救人命的器官。因此，絕對應該把默認選項定爲捐贈，以增加人體器官的供應。爲何很多國家還沒有這麼做，這是筆者很不理解的。只要有足夠的保障，不讓人還沒有死，就盜取器官，捐贈肯定是正確的選項。既然已經死了，能夠救活他人，不是很好嗎？在澳大利亞並沒有在駕車執照上讓人們選擇，而其默認選項是不捐贈。筆者雖然強烈支持捐贈，但由於時間、拖延等原因，也等到約二十多年前才做了器官捐贈註冊。其實，不必在駕車執照上填寫，所有國家應該採用所有人的默認選項都是捐贈。你不願意，可以填寫選擇退出或不捐贈。你沒有填寫，就假定同意。這肯定是正確的做法。

不只是在器官的捐贈上，在其他所有選項上，如果有一個是專家與具有相關知識的多數人都同意是正確選項，都應該在所有情形儘量讓它們成爲默認選項。例如，全穀麵包比白麵包健康，衛生部應該規定，除非條件眞的不允許，在公共食堂，尤其是學校食堂，應該供應全穀麵包，並且把全穀麵包列爲默認選項。人們如果只是說要買麵包，必須提供全穀麵包，明言要白麵包，才可以提供白麵包。

很多人可能認爲全穀麵包比較難吃。筆者提供一個經驗。四十多年前，筆者出於健康的考慮，從吃白麵包轉爲吃全穀麵包。起初眞的覺得難吃，因爲比較粗糙。在幾個星期內經常想是否要改回來吃白麵包。爲了健康還是堅持吃。後來就習慣了。幾個月之後，有一次買不到全穀麵包，只好買白麵包。一吃，覺得像啃麵粉一樣，一點也不好吃，比全穀麵包差多了。可能也有人認爲全穀麵包比較貴。然而，它比較耐飽，以營養成份而言應該比較便宜。而且全穀麵包之所以比較貴，主要是因爲吃的人還不多。如果規定所有學校以全穀麵包爲默認選項，以後吃的人多了，就不會很貴了。

關於快樂研究對提高最優公共支出水準的涵義，見本書後文附錄E。

第12章　快樂與道德[1]

人是社會的動物，必須群居。群居的動物，或有其天生的職能分工（如螞蟻、蜜蜂等），或有由體力等決定的等級。人類已經大大超越這些水準，而有其維持社會和諧的習慣、道德、與法律。有學者認爲，法律的有效性，還是須要一定的道德基礎。因此，道德的重要性，很難被誇大。人民要快樂，和諧社會是一個重要條件。要維持社會和諧，法律與道德都非常重要。

中國大陸改革開放三十多年來，取得很大的成就，有目共睹。但也有很多問題，包括道德水準低下，需要全社會關注，設法改善，不然很難維持社會的和諧，很難提高人民的快樂，這已經成爲多數人的共識。本章論述，道德水準低下的原因並不是改革開放，而是文革與獨子女政策。若然，對提高道德水準的方法有什麼涵義呢？

1　本章取材自黃有光(2008a)。

12.1 道德水準低下的一些事實

生活在中國大陸的人們，對道德水準低下的一些具體事實，應該有很深刻的見聞與體會。作為一個關心中國、關心中華文化的海外華裔學者，筆者也來談一些經歷。

筆者在馬來西亞（當時是馬來亞）出生長大，受當地的華文教育。本科就讀於新加坡的南洋大學（以華語為教學媒介語）。於一九六七年到澳大利亞讀完博士學位後，長期居住在澳大利亞。然而，四十多年來，約有十二年的時間在澳大利亞以外的地方居住（訪問／講學、開會、旅遊等），包括兩年在中國大陸，兩年在港澳，兩年在臺灣，兩年在新加坡，兩年在美國，兩年在英國與歐洲。比較之下，對於各地人們的道德水準、友善、願意幫助他人的程度等，筆者認為臺灣顯然位居榜首。在各個不同地區的華人社會，臺灣也是維護傳統中華文化最成功的地區。因此，中國大陸的道德水準問題，應該不是傳統中華文化的問題，而是近幾十年來（尤其是在文化革命時期）對傳統文化的摧毀，以及一些極端政策（包括獨子女政策）所造成。

在十二年離開澳大利亞的時間，筆者的房子曾經出租至少十多二十次。其中對房子照顧得最好的兩三次都是從臺灣來的；照顧得最差，好像是從來沒有洗過廁所的那次，租客是從中國大陸來的。

約於二〇一一年九月，筆者聽一位大陸本土出生的海歸學者說，以前海外很多一流大學很願意收大陸學生，現在包括哈佛在內的許多大學，已經對大陸學生有些敬而遠之，因爲領教了大陸學生的許多道德問題。當時，這對我是一條新聞。但在三個月後，筆者自己卻也開始檢討「對華政策」（但到二〇一二年中，筆者還爲三位大陸的訪問學者申請訪問Monash大學）。這是因爲，從二〇一一年十二月至二〇一二年初，筆者經歷了從來沒有經歷過的，來自一位大陸學生的很不道德的行爲。簡述如下。

一位大陸學生的不道德行爲

我於二〇〇四年底寫了「毫無保留地強烈支持」函件，幫助一位大陸學生獲得到Monash大學攻讀博士學位的獎學金。二〇〇三年我在北京認識他時，請他介紹能夠翻譯的人。他毛遂自薦，結果我同意讓他翻譯我的兩本書。翻譯費提前全部付清。約五年後，連第一本都還沒有譯完，他說他沒有時間譯了，他安排另外一位譯者譯第一本的餘下部分，我安排另外一位譯者譯第二本。我沒有向他要回以前已經付清的翻譯費，因爲他說，當時你只給我X（記得應該是5）千澳元，好像認爲不夠。以當時（二〇〇九年左右）澳大利亞的翻譯費，當然是偏低的，但以二〇〇三年中國國內的翻譯費，是大大偏高的。而且過期沒有完成任務，應該是要負些責任的。

於二〇一〇年中，雖然他已經把博士論文的主要章節都寫完了，但由於還沒有找到工作，不想提交論文，但因爲獎學金早已經沒有了，請我給他在我的研究金下以非全職研究員職位工作，不但有經濟來源，對申請工作也大有幫助。一年後（二〇一一年中），他結束這工作（但還沒有提交論文），回國到某高校就職。這年中，他對研究金專案的主要工作是寫了一篇有關快樂調查的文章，與完成一項網上的快樂調查網站。在他離開之前（約二〇一一年五月份），我認爲這篇文章是在我指導下，在我的研究金資助下，並在我的許多修改建議下完成的，我認爲我應該成爲文章的第二作者（如果根據英文姓氏排名，我將是第一作者）。他堅持他應該是文章的唯一作者，並且說實際上他在得到研究員職位前，就已經大致完成了該文章（雖然他的博士論文研究，與研究金專案的快樂問題沒有關係）。他既然這麼說，我就同意讓他爲文章的唯一作者，不過我對這件事有些不滿。

在我四十多年的教研歷史中，從來沒有與任何人有類似的糾紛，反而是有很多相反的經驗。例如，有很多我指導的博士生主動提出要讓我成爲其文章的聯合作者，因爲我在指導過程中對文章的思路、論點、表述等有重要貢獻，而我並非全部都接受。與楊小凱合作的一九九三年的巨著《專業化與經濟組織》，是小凱多次要根據英文姓氏排名，讓我成爲第一作者，而我堅持應該讓主要貢獻者（楊）排在第一。

二〇一一年七月，我發電郵向前面的那位博士生要快樂調查的問卷，因爲我要翻譯成中文，計畫到中國訪問時讓學生填寫。經過多次電郵，我於九月才拿到問卷。讓第二位研究員翻譯後，我於十一月讓學生填寫。十二月初，我發現問卷很難比較（問卷的主要目的在於比較傳統與我們的新方法）。我發給他幾次電郵，問這問題，他答非所問。我只好上網比較原來英文問卷，才發現他在寄問卷給我之前，已經把最後那道比較兩種方法的題目刪掉，卻沒有讓我知道！我發電郵責問他，他支吾說因爲不知道我調查的目的。

我肯定他是有意刪掉，不讓我能夠進行比較，因爲他要獨占這項研究。我當時只是不高興，還沒有很生氣（回想起來，當時我就應該很生氣，因爲他的做法太過無理）。我發電郵給他與第二位研究員，說我們應該合作，才能夠更好完成研究項目。若不能合作，不如早日分道揚鑣。他大概知道自己做錯了，我不高興了，恐怕我對他的博士論文進展不利，就向校方申請更換我的主要導師任務，理由是：我們在其他方面有不同意見，會有利益衝突。

我讓他在更換前交出快樂調查網站的控制資訊，他拒絕提供資訊，回電郵說，那網站是他的私人財產，不是研究專案的。我回答說，你的兩項工作，一項是成爲研究員以前就已經大致完成的，另外一項是你私人時間完成的，那你一年的非全職工作都在做什麼？如果你要把網站認爲是你的私人財產，是否應該歸還大學至少3/4的薪水？

我問他，如果甲僱用乙看顧一隻懷孕的母狗，而乙在甲不知情下，於一個週末把母狗帶回自己家裏。結果母狗在乙家裏生下小狗。乙認爲小狗是屬於他的，因爲是在他家裏出生的，這是否合理？他回答說，「我不要與你爭論，要爭論必須等到我博士學位完成之後！」（他已經於二〇一二年中提呈博士論文，但我還沒有收到回答。）

我還恐怕我偏於己見，問一位也是大陸的學者，他說，「我認爲你沒有做錯任何事。你對大陸學生、學者的一些狀況及心理確實不夠瞭解（一般比你能想像的要扭曲和變態很多），所以有時候過度樂觀和過度善良了。」

當然，上述事件可能只是一個比較極端的情形，只見一斑，未窺全豹，未必能夠一般化。然而一般道德水準的低下，應該是不爭的事實。

一位朋友的親身經歷

以下是筆者一位朋友的親身經歷。

「我講一個我自己親身經歷的事情供您參考，我十八歲時考上了著名的中國人民大學，第一學期有一門思想政治課叫大學生思想道德修養，老師是一位中年男子，過去畢業於我們系，他第一天非常和藹可親的問大家對這門課有什麼建議，我很天眞地說，這門課的很多內容初高中時都學過了，再教一遍沒太大意思，另外一個同學說馬克思的東西現在沒什麼人信，大多數同學保持了沉默，老師聽完意見後什麼都沒說，繼續上課，他的課枯燥無味，大家也是應景聽聽，一切都很平靜。到學期結束時，意外來了，這老師一口氣給了我們班8個不及格，我們班大約有32個人。我發現我和當時那位說出自己眞實想法的同學都不及格，而其他6位不及格的同學大多也是對此門課沒什麼興趣的人，在這門課上一直沉默應對、最後好好準備考試的人都過關了。於是我們8個倒楣蛋在系黨總支書記的『勸誘』下，在一個下著大雪的早上，去辦公室找這位思想道德老師『求情』，他趾高氣揚的看著我們，最後在系黨總支書記的勸說下，給了我們一個及格。」

「後來聽說這位思想道德教師主持了學校的黨校進修和考試，聽其他參加的同學回來說，他在學習班上說，『你們的政治前途都掌握在我的手中』。後來年齡漸漸大了，讀了一些中國共產黨歷史的書，才發現當年那個老師的做法叫做『引蛇出洞』，或者『釣魚』。」

12.2 道德水準低下的成因

許多人認爲，道德水準低下是由於改革開放造成的。改革開放後，人人向錢看，多少有過分重視金錢造成的後果。然而，筆者認爲這並不是造成道德水準低下的主要原因。其實，在改革開放前，人們的道德已經有問題。不過，那時候金錢沒有什麼用處，所以人們比較少表現在貪污之類的不道德行爲。

造成人們道德水準低下的主要原因，筆者認爲包括兩項。第一是改革開放前的幾次重大政治運動（反右、大躍進、文化革命），第二是獨子女政策。

反右使人們不敢講眞話，大躍進使人們講假話，文化革命使人們人性扭曲。

道德的最基本最重要要件是眞誠。眞誠是絕大多數人在絕大多數情形都能夠做到的。道德的最高水準是大公無私，捨己利人，犧牲小我完成大我。大公無私不是任何人能夠在所有情形都做到的。要求人人大公無私，是要求人們做到不可能達到的水準，結果是迫使人們弄虛作假，把眞誠都破壞了。連最基本的東西都破壞了，像把房子的地基與棟樑打掉了，房子當然要倒塌。

文革又使人們拋棄傳統，親人互鬥，天良喪失。幾次大運動的失敗，使人們對社會主義與共產主義失去信心。舊傳統、舊道德丟了，而新道德建立不起來，當然造成道德水準低下。

幾十年來，在獨子女政策下，絕大多數年輕人都是獨生子女，從小開始做慣了小皇帝，未足夠學習與他人相處，很多人一切從自己出發，很少考慮到他人。父母親又是經過文革摧殘的一代，改革開放後，一切向錢看，強調狹隘的自身功利，對子女教育也不夠重視對道德的培養。自己多次被騙，對眞誠的重要性的強調大爲減少，當然也嚴重影響下一代。

另外一項影響人們道德水準的原因是，招生與考試制度使家長與學生都太重視考試成績，百分之九十以上的教育在於應付考試，自然忽視其他方面的教育。

12.3 提高道德水準的方法

除了傳統的方法，針對中國當前道德水準低下的成因，提高道德水準的有效方法可能包括下述幾項。

第一是中國政府已經在進行的恢復中華傳統文化（包括道德）。雖然我並不反對在世界各國開設幾百家孔子學院，但我認爲更加重要的是在本國提升文化與道德水準。

第二是減少對物質生產與消費的過分偏重，從強調GDP轉向兼顧文化、道德、幸福（即快樂）、人際關係等更加重要與終極的目標（詳見第6章）。徐景安教授[2]在國內主辦多次討論幸福的會議，倡議「21世紀幸福宣言」等理論層次，而且透過提供諮

2 徐景安教授是中華管理英才論壇副主席、中國幸福管理研究院院長、中國領導科學院副院長。

詢，在實際改善許多機構與企業的員工的快樂上，也有很大的貢獻。近來，他與其他人向中共中央建議以「幸福中國」為黨的執政理念與執政目標，希望能夠得到重視。

第三，針對小皇帝問題與對狹隘塡鴨式智育的偏重，中小學應該重視德育與人際關係，包括讓學生有更多時間與同學們相處與溝通，補充沒有兄弟姐妹的不足。然而，在當前的考試制度與各校爭取透過學生的考試成績使學校排名靠前情況下，各校沒有激勵重視德育與人際關係。因此，筆者認為大學與中學的收生，可以考慮減少對傳統呆板的考試成績依賴，而採用或部分採用區域式、抽籤式、智力測驗式的收生方法。

當然，區域式與抽籤式的招生方法，都不是理想的。然而，中國以及許多東亞國家的學童，實在被呆板的考試制度害得很可憐，他們不但喪失了應該快樂玩耍與學習的兒童期，而且他們的想像力與創造力也被考試制度嚴重摧殘。即使沒有理想的方法，也必須用其他方法來糾正。對這個問題，筆者希望以後有機會進一步討論。

附錄A　快樂還是幸福？與徐景安教授的討論

筆者有幸於二〇一一年十月參加了討論幸福問題的威海峰會。是由徐景安教授主導的。徐老不但在主辦討論幸福的會議，倡議「21世紀幸福宣言」等理論上致力工作，而且透過提供諮詢，在實際改善許多機構與企業員工的快樂上，也有很大的貢獻。徐老與我在關於快樂或幸福問題上有大致共同的看法，但也有一個重要的不同觀點。

筆者認爲，幸福多數指長期快樂，而快樂多數指當時的快樂，但給定同樣的時段，幸福與快樂是一樣的。徐老認爲幸福與快樂不同，幸福是比較高級的快樂，只有人能夠感受幸福，動物只能夠感受快樂。以我的定義，一隻狗可能比一個人更加幸福，但徐老認爲狗完全不能夠有幸福感。我們在會議上討論，彼此沒有說服對方。本書第1章裏就已經討論過了，只要適當考慮對他者與將來的影響，快樂就不需要分高低級（例如詩詞對冰淇淋）或是否符合道德（例如強姦），本附錄進一步討論這個問題。

一個主體（例如一個人）的快樂，是其主觀感受中感覺爲好的或正面的感受(positive affective feelings)，包括肉體上的快感與精神上的欣慰。快樂的反面是痛苦，也是包括肉體與精神上的（所謂肉體上的快感或痛苦，實際上最終也是精神上或主觀意識的感受。強調快樂包括肉體與精神上的，主要是避免被誤會爲只包括純粹肉體上的感受），淨快樂是快樂減去痛苦。

人類肯定能夠有比動物更加複雜與比較高層次精神上的快樂與痛苦。比較低級或簡單的物種，多數完全不能夠有精神上的苦樂，只有肉體上的苦樂；更低級的物種，多數連肉體上的苦樂也沒有〔詳見Ng(1995)或黃有光(2010)內，關於福祉生物學一文的論述〕。筆者認爲黑猩猩與狗等物種，應該能夠有某些精神上的苦樂（有如第1章所述，連小龍蝦也有憂慮，遑論貓狗）。爲了給徐老比較大的空間，在這裏讓我們排除能夠有精神上苦樂的動物，假定只有人能夠有精神上的苦樂。

如果徐老定義幸福是精神上的快樂，或是某種（下文略去這條件）精神上的快樂，則根據這個（與筆者的不同）定義，不能夠感受精神上苦樂的動物，當然不能夠有幸福感可言。因此，根據徐老對幸福的定義，他的上述觀點是正確的；根據筆者的定義，筆者的看法也是正確的。如果只是定義上的差異，不必寫本附錄，是還有一個重大問題。

爲了討論上的方便，下文採用徐老的定義。根據這定義，幸福與快樂是不同的。幸福是快樂的一種，是精神上的快樂，不包括肉體上的快樂。吃冰淇淋的快樂不是幸福；性愛的快樂也不是幸福。這類快樂動物也有。你晚上回想這一天（或一生），認爲成就很大（不論是在享受、事業、家庭、社會貢獻等方面）感到欣慰，這是幸福。

上述重大問題是，個人以及社會應該極大化幸福，還是包括幸福的快樂？徐老顯然認爲應該極大化幸福。筆者認爲應該極大化包括幸福的快樂。

先考慮個人的情形。假定對他者與對將來的快樂沒有不同影響，你選擇下述兩項中的哪一項？

甲：一生極度肉體上的快樂（例如快樂量爲九千萬億個單位）加上高度的精神上的快樂（即幸福，例如幸福量爲十萬個單位）。

乙：一生極度的肉體上的痛苦（例如痛苦量爲九千萬億個單位）加上很高度的精神上的快樂（即幸福，例如幸福量爲十一萬個單位）。

從極大化包括幸福的總（淨）快樂量的觀點，肯定選擇甲，但極大化幸福量要選擇乙。

可能有人認爲，在乙的情形，雖然肉體上很痛苦，幸福感依然很高，可見對社會做出了重大貢獻。因此，從社會的觀點，乙可能更好。從社會的觀點，應該極大化所有人（假定不影響動物的快樂）快樂的總和，則也並不排除選擇乙〔詳見黃有光（2008b）有關論述〕。

對於社會的選擇，把上述甲與乙維持不變，只加上「社會上每個人都有」，則極大化幸福要選擇乙，而顯然地，選擇甲才是合理的。若然，應該強調包括幸福的快樂，雖然並不排除對幸福的重視。

如果採用筆者的定義，幸福與快樂是相同的。如果採用徐老的定義，幸福與快樂是不同的；但終極而言，我們應該極大化包括幸福的快樂，而不是排除快樂，只極大化幸福。

二〇一一年十一月十一日於澳門大學

上文寫完後，讀了：

以幸福爲核心理念：推進中國新文化建設

中國幸福研究院院長徐景安答記者問

二〇一一年十一月十四日

徐景安說：「人怎麼會產生幸福感？它會無緣無故產生嗎？不會。這是重要需求獲得滿足而產生的愉悅感。當餓的時候，有饅頭吃是重要需求的滿足。對三餐無憂的人，吃饅頭就不是重要需求了。幸福是需求客觀性與感受主觀性的統一。」

上述對幸福的討論顯然在幸福中包括肉體上的快樂，也顯示動物能夠有幸福感。狗餓的時候，有肉骨頭吃是重要需求的滿足，會有幸福感。

徐景安也說：「幸福來源於物質幸福、情感幸福、精神幸福，鼓勵人們在追求物質幸福的同時，重視情感幸福與精神幸福。」

既然幸福包括物質幸福，當然包括肚餓吃東西的肉體上快樂，狗等動物當然也有這種幸福感。

二〇一一年十一月十八日於澳門大學經濟學系

其實，重要需求獲得滿足，只是通常能夠產生愉悅感的有利條件，不是愉悅感、快樂或幸福感的充分條件，也不是必要條件。當你肚子很餓時，塡飽肚子是重要需求。不過，如果我只讓你吃非常苦澀腥的食物，你爲了不餓死，勉強吃了，但感受很不好，苦澀腥的負感受超額抵消吃飽的正感受，沒有正的淨愉悅感。因此，重要需求獲得滿足不是快樂的充分條件。假設有一位學者，自認爲並沒有達到獲得諾貝爾獎的水準，對諾貝爾獎沒有需求。然而，如果他意外獲得諾貝爾獎，還是會有很大的幸福感。因此，重要需求獲得滿足不是快樂或幸福的必要條件。

還有，幸福感不會無緣無故產生嗎？很多人認爲黃有光經常會無緣無故忽然大笑（雖然這是眞的，但也是半開玩笑的）。

二〇一二年十月十八日補充

二〇一二年十月中，《今日焦點》主編李晶龍就中央電視臺新聞聯播節目播出「你幸福嗎？」的報導，專訪了徐景安先生。

徐景安：有位大學教授給我來函說：「有人認爲吃搖頭丸……很快感幸福，……小偷偷到一筆鉅款或珍寶時很快樂很幸福，……如此等等的『幸福』是人的終極目的和社會的終極目的嗎？」

徐老認爲，「把快樂等同於幸福，這是很多人的誤解。快樂來自感官一時的滿足或刺激，……但這不等於幸福。快樂與幸福的最大區別是，快樂來自感官本能的反應，不需要理性思維，很有可能爲了一時的快樂而危害自己一輩子的幸福……幸福既來自感官，更來自情感、精神，幸福是智慧、知識、學問、科學、方法、藝術、大度、豁達、寬容……幸福是需要學習、感悟、體驗的。」

筆者認爲科學、方法、藝術、大度等都不是幸福，也不是快樂，而是長期而言多數能夠增加人們的快樂的東西，但它們本身不是快樂。感官上的快樂與精神上的快樂都是快樂、都是幸福。我們要極大化這兩種快樂的總和。

比較精確地說，應該極大化總淨快樂。黃有光大概是老糊塗了吧！又總又淨？沒有錯。總是指包括各種感官與精神上的快樂，淨是指扣除痛苦後的快樂。對社會而言，應該極大化所有人的總淨快樂的總和——總總淨快樂。哈哈！

不同人的快樂，如何加總呢？雖然有資訊或實際上的困難，但原則上是可以的。我們之所有能夠感受快樂，就是進化（或上帝）透過苦樂的感受，讓我們做符合生存與傳宗接代的事。因此，餓時吃有營養的食物會感到快樂，受傷或生病會感到痛苦。性愛的快樂比吃東西更大，因爲對傳宗接代貢獻更大。我被拋進滾水池的痛苦，至少是你被螞蟻咬一口的痛苦的幾千倍，因爲對生存的影響大很多倍。這是科學上成立快樂的人際比較（詳見本書第4章）。

吃搖頭丸、偷東西等的問題，不在於當時感受到的快樂不是幸福，而在於對自己將來健康與快樂的危害，或對他人快樂的危害。如果吃搖頭丸只增加現在的快樂，不影響將來的快樂，筆者現在馬上花大錢買來吃！誰有這種搖頭丸嗎？

認爲感官的快樂不是幸福，大概是由於對終極目的與中間作用的混淆。搖頭丸影響健康，健康影響快樂。如果考慮了對將來與對他者的影響，只有快樂是重要的，只有快樂是終極目的。

不過，筆者非常讚賞徐老對強調幸福問題重要性的貢獻，以及在實際上幫助提高員工快樂的諮詢工作。還有，筆者也非常同意徐老的下述看法：「共產黨的宗旨是爲人民謀幸福（至少應該是這樣——筆者加），而幸福是個人的、個體的感受，我們建設社會主義，從事改革開放，從根本上來說就是爲了所有社會成員的幸福。所以，不能離開民眾的個體幸福，談所謂黨、國家、人民的利益；幸福也不是誰能代表的，必須由民眾自己說。黨和政府的職責是爲民眾的幸福創造條件。因此，央視記者問一下老百姓『你幸福嗎？』就很正常了。對此，人們感覺意外、唐突、滑稽，這說明我們的意識形態、政治邏輯、制度安排都需要重新審視與改革。……以幸福中國爲口號與目標，既符合共產黨的意識形態，又具有普世價值，絕大多數人都能接受，想反對的人也反對不了，這是啓動改革的前提！」

還有，徐老也說：「政治改革的首要問題是看緊錢袋子。民主國家議會開會最重要的議題是審議、批准政府預算。美國某鎮議會開七天，其中五天是審議預算，包括警察局買車與增加編制。我國稱爲社會主義國家，所謂社會主義就是維護、保障社會公共利益的社會。恰恰是最關係公共利益的財政不透明、不監督，愛怎麼花就怎麼花，這怎麼能是眞正的社會主義呢？社會主義不是看養雞場是公有還是私有，而是看收上來的雞蛋是不是公平分配！建設社會主義六十多年了，不把大家的錢袋子看好，還在爭公有還是私有，眞叫丟了西瓜撿芝痲。」很精彩！

二〇一二年十月二十一日於西安交大金禾中心

附錄B 人類面臨滅亡與極樂十字路口

——全球暖化、刺激大腦、基因工程及對中國發展方向的啓示[1]

就在我們這一兩代，人類面臨有史以來最大的十字路口。在人類的幾十萬年歷史中，很可能曾經多次面臨存亡的危險，卻從來沒有面臨滅亡與極樂的十字路口。現在的危機和以前的有兩大不同。第一，以前的危機，應該是環境的自然改變或其他的物種競爭所造成。現在的危機，是人類自掘墳墓。第二，如果人類能夠避免自掘墳墓，不因環境破壞而滅亡，則將能透過科技的進步，用電流刺激大腦享樂中心、基因工程等方法，使人們的快樂能夠增加百千萬倍。得與失相差之大，莫此爲甚！不可不重視與謹慎處理。

許多讀者大概會認爲筆者是在危言聳聽，言過其實。非也！很多環境科學家認爲

1 本附錄取材自筆者在《經濟學家茶座》二〇〇七年二月的同標題文章。

人類只剩下二、三十年的時間來避免因環境破壞而滅亡；筆者說一兩代，並沒有誇大。單單溫室效應或全球暖化這一問題，若沒有及時處理，就可能要人類的命。

Stein(2007)與Garnaut(2011)等研究氣候變化的經濟學者，都建議各國必須採取立即且強有力的措施來進行環保與避免全球暖化。許多其他經濟學者認爲這是基於他們採用太低的利率，把利率提高，就推翻了必須立刻採取強力環保的結論。筆者(Ng 2011, 2014)論證，如果考慮了暖化可能使人類滅亡的危險，即使採用高利率，也應該採取立即與強有力的環保措施。Weitzman(2007)等認爲經濟學還不能分析涉及人類滅亡的危險，但採用基數效用與快樂研究的結論，筆者提出論證滅亡的理性分析方法。

人類自掘墳墓？

英國皇家學會於二〇〇六年宣稱，人類經濟活動造成全球暖化已經是和地心引力與進化論同樣肯定的事實。政界商界名人也出來強調環保的重要。例如，美國前副總統Al Gore訓練數以千計的志願者幫助他在全世界鼓吹環保；英國億萬富翁R.Branson捐款20億美元來防止全球暖化。連右翼大眾媒介鉅子R.Murdoch也出來說，即使還未能完全確定，也應該把存疑的利益，給予地球。

暖化使南北極的冰塊消融，冰塊面積減少使反射回太空的太陽光也減少，加速暖化。冰塊消融使海平面上升，使低地變成海底等等。近幾十年來，暖化的速度，大大超過環境科學家以前的估計。

不過，許多人不重視甚至懷疑暖化。爲什麼？最近有人統計，從數以千計關於暖化問題的學術論文中抽取百分之十樣本，發現肯定暖化的是百分之百。然而，大眾媒體的報導中，卻是肯定與懷疑暖化的參半。這沒有什麼奇怪。今年元月三日，媒體報導說，Union of Concerned Scientists透露，從一九九八到二〇〇五年，ExxonMobil公司給43個右翼團體1千6百萬美元，進行誤導公眾的宣傳，使人們懷疑全球暖化的科學基礎。也有報導指出，澳大利亞的保守黨聯盟（自由黨與國家黨）的一個國會議員「與全國性日報高層主編串通共謀關於如何散佈質疑氣候科學的策略」（Lowe 2012，第27頁）。這種反宣傳，「即使在像菸草這樣的極端情形，現在已經確認會縮短約一半使用者的生命，像前上議院議員Nick Minchen與像IPA(Institute of Public Affairs)的右翼說客集團到近年還在試圖質疑這方面科學」（Lowe 2012，第29頁）。

那些到現在還不承認空氣污染、全球暖化等環保問題的嚴重性的經濟學者，不是被右翼宣傳所騙，或是躲在象牙塔裏，就是被其極端右翼的，認爲市場可以解決一切問題的意識形態所迷惑（筆者說經濟學者，因爲在學者中，主要好像只有一些右翼經濟學者不承認有環保問題）。

筆者也是從事經濟學教研的，承認市場調節的功能，也非常支持許多前計畫經濟國家走向市場經濟。但在生產與消費過程中對環境的危害，是一種外部成本，污染者（包括生產者與消費者）本人沒有受到顯著的影響，不能由市場來處理，必須由政府甚至全球各國合作，對污染進行課稅或限制。

用基因工程打破「生理玄關」

每個人有一個由遺傳基因決定的正常快樂水準，但這水準受環境與該人的活動影響，會有高浪，也有低谷。瞭解影響快樂的因素，或有助於提高平均快樂水準，但受生理的侷限，很難大量提高。刺激大腦，是打破必須透過周圍的感覺神經，有高度邊際效用遞減的享樂方式，而能直接獲得高度快感的方法。然而，刺激大腦享樂中心所得到的快感的程度，還是受到生理的侷限。能夠打破這個侷限的是基因工程。

目前，基因工程主要應用在增加糧食產量、改進品種等。在小康水準之後，經濟水準的繼續提高並不能顯著增加快樂。因此，增加產量的基因工程，可能有助於減少饑荒，並不能大大增加小康線以上人們的快樂。用在醫藥治療方面可能有不少重要貢獻。然而，長期而言，基因工程的貢獻，主要在於改造我們自己。

既然正常的快樂水準大致是由基因決定的，適當地改進基因，是打破生理侷限，百千倍地提高我們快樂的可行之道。開始時，主要的可能性大概只是選擇樂觀、外向性等基因。長期來說，不能排除直接提高我們各種快感的程度或水準。由於產生與增加快感有生理上的成本，我們的快感水準有一定的限度，增加消費並不能繼續增加快感，反而會樂極生悲。當科技水準達到足夠高水準時，就有可能提高基因工程，直接拉高我們各種快感的程度，就能打破「生理玄關」，得到極樂。

改造基因有一定的危險性，但這危險性比環保不負責的高速發展還小得多，而且可以謹慎進行，避免危險。

有人會說這些方法都是不自然的。然而，絕大多數文明產物、制度、醫療手段等等，都可以說是不自然的。如果你跟幾百年前的人說，現在人們最主要的娛樂，是坐在沙發上看一個箱子上的影子，他們也會認爲是很不自然的。

小康之後，經濟的進一步發展，人們並不能透過提高私人消費來增加快樂，但透過增加公共支出，促進科技的進步，卻有可能使我們的快樂水準翻十番，或增加一千倍！

由於人類面對有可能百千萬倍地增加快樂的可能，我們就更應該確保，不要爲了一些大商家的短期利潤，就拒簽環保協議，自掘墳墓，因沒有及時進行環保而滅亡，斷送了我們或子孫達到極樂世界的可能性。

附錄C 葉航爲何還抽菸？談效用、福祉與快樂

葉航、汪丁丁、羅衛東的三人談，涉及許多專門問題，我只針對效用與快樂的問題，談我個人的看法。

葉航說，「本來人們偏好一件東西是因爲它的效用最大」，但現在某些所謂主流經濟學（至少是許多經濟學者）卻把效用與偏好定義等同了，效用僅是代表偏好，而且僅僅是序數偏好，甚至否定偏好與效用的基數可量與人際可比的可能性。然而，除了少數精神病患者，人人都知道，偏好、效用、快樂、福祉等都是基數可量的。受序數主義過度洗腦的經濟學者也都知道，雖然口頭上否認。難道序數主義經濟學者偏好A（申請長期教職成功）甚於B（申請不成功）的程度，不能說比偏好B甚於C（申請不成功加上被螞蟻咬一口）的程度更大嗎？若偏好只有序數性質，則這種比較是不可能的（詳見本書前文第4章）。

現代經濟學者，爲了使經濟學更加科學化，盡可能不談涉及主觀感受的觀念。新

古典經濟學者講的效用，是主觀感受的觀念。因此，現代經濟學者就把效用重新定義爲僅是代表序數偏好的符號。無差異曲線分析表明，只用序數偏好就能導出需求函數、基數效用的資訊，並不影響（至少在不存在不確定性下）需求函數。因此，經濟學者把偏好與效用的基數性質抽象掉。對於需求函數等實證性經濟問題而言，這大致沒有問題。但是，許多經濟學者錯誤地把「實證性經濟問題不必用偏好與效用的基數性質」等同於「所有經濟問題不必用偏好與效用的基數性質」。而後者是錯誤的。當我們涉及令一些人得利、一些人損失變動的評價時，就必須對這些得失進行人際比較，而這種效用（以及福祉或快樂）的人際比較，效用的基數可量性是必要條件，雖然不是充分條件。上述人際比較，終極而言，必須是主觀評價（效用、福祉等），不然沒有社會評價上的意義。我失去十丈布，你得到一尺布，未必不好。我可能對這十丈布沒有偏好，而你得到那尺布欣喜若狂。

並不是所有的現代經濟學者都是狹窄的序數主義者。一九九六年得諾貝爾獎的墨利斯(James Mirrlees)，其得獎文章(*Review of Economic Studies* 1971)就是用人際可比的基數效用，而且所用的目標函數是效用主義的，即把全部人效用的無權或平權總和極大化。有頭腦的經濟學者〔包括森(Sen)與哈薩伊(Hasanyi)〕，是知道人際可比的基數效用必要性。

偏好或代表偏好的效用不等於福祉(welfare)或快樂。由於無知、非（或不完全）理性、以及對其他人福祉的關注，個人的偏好可能和個人的福祉有所不同。如果一個人偏好A甚於B，而B給他的福祉高於A，而其偏好不是由於無知，也不是由於對他者福祉的關注，則此偏好便被（我）認爲是非理性的。非知情偏好與非理性偏好不同，雖然兩者有時很難分辨。例如羅衛東講的酗酒、葉航的抽菸，如果是不知道對福祉長期巨大不利作用，則是非知情偏好；如果像葉航這樣，明明知道長期而言弊大於利，卻經不起現時的誘惑，則是非理性偏好，除非他抽菸的快樂加上抗拒的痛苦，大於抽菸的預期長期危害。即使葉航作了這個判斷，我認爲這個判斷也是錯誤的，因爲他大概低估了偏好的適應性。例如多年前，當我開始從白麵包改吃全麥麵包時，起初覺得很不好吃，很想改回吃白麵包。但堅持了幾個星期就習慣了，而且逐漸覺得全麥麵包更好吃。現在吃起白麵包，感覺像是在吃麵粉，一點也不好吃。父母們，請讓你們的孩子吃全麥（或其他全穀）麵包（關於人們低估偏好的適應性傾向及其他有關論述，見拙作Ng 2003）。

我認爲，我的福祉就是我的快樂。一般用法，快樂通常指當時或短期的，福祉通常指長期的（詳見本書前文第1章）。但給定同樣的時段，兩者沒有差別。一個人的終生福祉，當然必須等到他生命結束時，才有定數（他人也未必知道）。但任何人在任何時段的福祉或快樂，在該時段末，就已經有了定數。例如葉航昨天的快樂，到昨晚十二點就有了定數。他昨天從抽菸得到一些樂趣（雖然也摻雜些許對抽菸不利健康的憂慮，與未能果斷停止抽菸的自責），雖然抽菸對他將來的健康、生命以及快樂都可能有不利影響，而這些影響還未定數，但這是對他將來快樂的影響，不是對他昨天的快樂的影響。如果一個人快樂一輩子，但暴死或被汽車撞死（立刻死），我會認爲他是一個幸福的人。寧可快樂一輩子而暴死，不要痛苦一輩子而壽終正寢。

快樂是一種主觀感受。一個人快樂與否必須根據其主觀感受。因此，不論是序數或基數，人際可比或不可比，快樂是一種主觀價值。拙作Ng(1996)關於人際可比的基數快樂的衡量，也是根據人們的主觀感受，而不是根據任何客觀標準（詳見本書第1章）。

快樂（包括自己與他者的）是所有有目的行爲的終極目的，而且是唯一有理性的終極目的。終極而言，對任何變動的評價，任何決策、措施、政策的好壞，都應該是根據對快樂的影響來評定（詳見本書第2章）。但這種評定並不容易，而且社會上有人際利益衝突，必須用法律、道德上的各種規則來指導與規範人們的行爲。因此，違反這些規則的行爲，即使增加短期快樂，也多數會減少長期快樂。不過，終極而言，什麼是好法律、好道德，還是要根據對快樂的影響來評定，不應該有獨立於快樂之外的道德。不然，我們就會犯上堅持「一女不事二夫」的錯誤，使中國古代長期重大地爲害社會的錯誤道德觀念繼續危害社會。因此，至少是原則上，任何評價上、政策選擇上的問題，都能根據快樂的原則來評定（涉及人際比較時，還需要一個例如效用主義的社會福祉函數。對效用主義的支持，見拙作Ng 2000b，第5章）。例如，什麼是應有的貼現率，不但是可以解決的，而是已經解決了（至少是在原則上）的問題。大致而言，對將來的客觀價值（金錢、收入、財富、消費等），應該根據利率來貼現；對將來的主觀價值（效用、福祉等），應該根據實現將來的主觀價值的風險率來貼現（詳見Ng & Wills 2002）。

我說過只談效用與快樂的問題，但我情不自禁，要說一句，我對葉航和汪丁丁關於「協作產生了人」的想法，非常欣賞。

二〇〇三年二月十七日

附錄D　經濟和制度對快樂的影響：書評

未名譯庫・經濟與社會系列

幸福與經濟學

——經濟和制度對人類福祉的影響

Happiness and Economics

How the Economy and Institutions Affect Well-Being

（瑞士）布倫諾・S・弗雷阿洛伊斯・斯塔特勒著

很高興看到靜也翻譯、瑞士B.S. Frey與A. Stutzer著的《幸福與經濟學——經濟和制度對人類福祉的影響》（北京大學出版社，2006）出版。此書原英文名爲*Happiness and Economics-How the Economy and Institutions Affect Well-Being*。譯者把Happiness譯爲幸福，把Well-Being譯爲福祉。我不知道這是不是習慣譯法，不過我認爲Happiness

肯定應該譯爲快樂，Well-Being應該譯爲幸福，Welfare（當指主觀感受時）才譯爲福祉。快樂是比較日常的用法，幸福與福祉是比較正式的用法，通常指比較長時期的快樂。除此之外，三者的意義是一樣的，不同的譯法沒有很大的關係，更不能算是錯誤（詳見本書第1章。本書指筆者的《快樂之道》；此書指本書評所評論的《幸福與經濟學》）。

此書的翻譯，總體而言高於一般水準。不過，個別地方也有不少失誤。例如，“personality and demographic factors”應該譯爲「性格與人口因素」，而不是「人品本質和人口學」（第17頁）。“Global self-reports”應該譯爲「自我全盤報告」，而不是「全球自我報告」（第5頁）。第二、三、四次婚姻，沒有第一次婚姻幸福，作者說，人們好像並沒有從以前的婚姻經驗中學習（learn，使後來的婚姻比較快樂）。譯文成爲：「關於那些婚姻夥伴，也許因爲婚姻作爲一種制度，人們對其並不十分瞭解」（第66頁）。

最重要的一個錯誤，是在〈前言〉第2頁，把“decentralized”譯爲「發展」。作者原意是，一個國家民主與權力越分散，人民越快樂。譯文是：「如果一個國家越發展、越民主，她的人民就會越幸福。」

即使是只根據英漢字典來翻譯，而會把「生產函數」翻譯成「生產功能」的譯者，也不會把“decentralized”（分權；與中央集權相反的權力分散）譯爲「發展」。以此書譯者的翻譯水準，決不會犯這種錯誤，顯然是有意修改原文的意義，不知是否有苦衷。

我不是要吹毛求疵。這錯誤不但違反「信、達、雅」的第一條，而且使譯文的意義與全書的要旨相反。此書的一個主要內容（第4章）是，由於人際相互攀比的作用，及人們對高消費的適應（曾經滄海難爲水）等原因，在小康水準之後，經濟水準的繼續提高，並不能增加快樂。這是快樂研究的相當一致的結論，對現階段的中國，有非常重要的政策涵義。並不是說各國已經不需要繼續發展；還有許多地區與農民連小康的水準也還沒有達到，何況還有提升綜合國力的需要，雖然這也是爲了將來的快樂。但是，單單經濟發展還遠遠不夠，還需要重視平等、環保及其他影響快樂的經濟與非經濟因素（詳見本書正文）。

財富只能解釋人際快樂差異的百分之二，那什麼是影響快樂的重要因素呢？幾乎所有快樂研究都得出健康、就業、婚姻、信仰、外向型、樂於助人等因素與快樂有顯著的正相關。此書對此也多有論述（第3章），不過此書作者對快樂研究的主要貢獻在於用實際資料（一九九二～一九九四年間瑞士的快樂報告）分析：(1)就業與通貨膨脹對快樂的重大影響（第5與第6章）；(2)包括民主、權力分散、人民實際參與決策等制度因素和快樂的顯著正相關（第7至9章）。

此書作者的研究顯示，公眾的立法提案和投票等的政治權利越廣泛，快樂水準越高。其次，聯邦式的政治架構將許多決策權賦與更低一級政府，也能提高人們的快樂水準。直接民主提高人民的快樂水準，有兩個不同的原因：第一，在直接民主的政治體制下，政治決策能夠更好地符合廣大民眾的意願，政府的活動也更講求效率；第二，決策過程本身對快樂也有影響。直接政治參與權利可以提高公民的快樂水準，由於這些權利有程序效用(procedural utility)，因爲人們喜歡實際參與決策及喜歡擁有這權利。

多數經濟學者對快樂研究的結果不信任，因爲一般上經濟學者不信任人們的口，只信任他們的錢包（詳見本書第2章）。不過，近幾年來，已經有越來越多的經濟學者重視快樂的研究，包括此書的這兩位作者。對那些還是有嚴重偏見，輕視快樂研究的經濟學者，我有一個殺手鐧。

請經濟學者們看看自己的後院。最重要的經濟變數是國民總產量。每一個經濟學者都深知衡量國民總產量的許多困難，但我們還是老早就應用了，並進行國際比較。約十多年前，來了一個對國民總產量的購買力平價糾正，一夜之間，使中國的國民總產量增加四倍，使印度的國民總產量增加六倍！快樂指數可能需要改進與糾正，但我相信不需要做四倍以上的糾正！

不過，個人的快樂指數的可比性的確不是很高。可能你對自己的快樂打7分，我對自己的快樂打9分，但實際上可能你比我更快樂（全社會的平均快樂指數的可靠性應該會比較高）。有辦法克服這不可比性。筆者於一九九六年在*Social Indicators Research*的文章，用最小可感知的快樂爲單位，得出人際、時際與國際可比的快樂衡量法，或有助於進一步提高快樂衡量的可靠性（詳見本書第4章）。

有了人際可比的基數快樂指數，不但給人們更可靠的資料，而且可以幫助採取對人民有利的政策。此書作者認爲還是不能解決阿羅不可能定理的悖論（第10章；譯文第196~7頁），不能得出合理的社會福祉函數。其實，阿羅不可能定理是基於只有序數效用，有了人際可比的基數快樂指數，阿羅不可能定理並不適用〔詳見拙作*Welfare Economics*《福祉經濟學》，即Ng(1979/1983)〕。

雖然此書的原著與譯本都非完美，不過，快樂是人生最終目的，此書有關於和快樂顯著相關的許多重要因素之資料與分析，讀者（不論作爲個人或影響政策決定者）一定會獲益不淺。我強力向讀者推薦，並希望此書的出版會增加人們對快樂問題的興趣與研究。

二〇〇六年十月一日於澳大利亞蒙納士(Monash)大學經濟系

附錄E　公共支出對你有利嗎？[1]

本節主要是針對西方國家的情形而寫的，雖然對中國也越來越有參考價值，但可能還是有相當大的不同。因此，在參考本附錄論點時，特別需要考慮國情。參看本附錄總結最後一段。

隨著蘇聯和東歐的轉軌，中國所進行大刀闊斧的經濟改革、私有化、自由化，以及發生在許多西方國家的公共支出縮減（改變前此公共支出增加的歷史潮流）[2]，整個世界正在變得越來越「右」。這些變化，很多是值得肯定的，經濟學者們應該爲他

1 本附錄根據Ng(2001)，周海歐譯。

2 例如，美國一般性政府費用總額在GDP中的比例，在經歷了數十年的實質性增長後於一九八五～一九八七年間達到了大約34%的水準，但是接著便下降到一九九九年的30.1%，並計畫於二〇〇一年下降為29.4%。所有OECD國家一般性政府費用總額在其GDP總額中的比例（括弧內的數字表示澳大利亞的同一指標），在上述三個時間分別為38.3%(36%)，37.8%(32.3%)和36.9%(31.8%)。

們所作的那部分貢獻而感到驕傲。然而，本章將指出許多國家（尤其是西方國家）公共支出的縮減，尤其是關於教育、研究和環境保護的公共支出的減少，卻是弊大於利的。這一事實從僅僅關注短期生產和消費的狹窄視角來看也許並不明顯，但是從一個關注長期福祉（或者快樂）的更廣闊視角來看卻幾乎總是清晰可見。人們都知道公共支出會引起某些效率問題，但是私人消費所引起可能更惡劣的無效率性，卻被很多人忽略了。本章將從交叉學科的角度，嘗試性地提出一個更廣泛和公允的分析。

私人消費在提高快樂方面的缺陷

首先，讓我們來看一組由心理學家、社會學家和若干經濟學者（人數不多，但正在不斷增加）所發現關於快樂和收入之間關係的最新證據。當一個人饑餓的時候，增加消費是必須的。然而，越來越多的證據表明，在滿足了基本的生理需要之後，從社會角度來看，私人消費的增加卻不能再提高快樂的程度（詳見第5章）。

的確，快樂很難被客觀度量和比較。但是從概念上來講，它是可以量化的(Ng 1997)。一種實際可行的方法已經被發展出來，並用於對快樂進行客觀的量化（詳見第4章）。

總體來講，資料表明收入在快樂水準較低的時候更起作用，但這種作用引起的個體快樂水準之間的差異，在全部差異中所占的比例仍不到2％（Diener等 1993）。在同一個國家中（至少對那些能夠得到相關資料的發達國家而言），隨著時間變化的收入和快樂之間的正相關性並不存在。例如，從上個世紀四○年代到一九九八年，美國的眞實人均收入幾乎增加了三倍，然而認爲自己「非常快樂」的人，比例卻只在30％左右波動，並沒有顯示出上升的趨勢；同時，另一項關於平均快樂的度量值也只是在72％上下波動。在一九五八～八八年期間，日本眞實人均收入水準增長超過了五倍，然而，其人均快樂水準只是在59％上下波動，並沒有增加的趨勢[3]。事實上，「在富裕國家中，如果在增長和快樂之間確實存在什麼因果關係，那麼也只能是快樂爲因，增長爲果，而不是相反。」（Kenny 1999，第19頁）快樂的人可能更容易獲得和保有高薪的工作（詳見第5章）。

一些研究表明，相對於著重內在目標（個人發展、親友關係、社區）的人而言，那些非常重視外在目標（名氣、財富、形象）的人所擁有的快樂也較少(Ryan等1999)。重視經濟利益的物質主義，是和主觀福祉有負相關的，尤其是對那些相信更多錢能夠讓一個人更快樂的人而言〔Offer 2000, p. 20，對Ahuvia & Friedman(1998, p.

---

[3] Diener & Suh (1997); Myers (1996); Frank (1999); Blanchflower & Oswald (2004a); Veenhoven (1993).

154, 161)的回顧〕。

另一方面，相對於收入，實際中存在對快樂具有更重要的影響或者至少和快樂更具相關性的其他因素，這些因素包括婚姻(Myers 1996, p.510, Stutzer & Frey 2006），就業(Winkelmann & Winkelmann 1998)，以及宗教信仰和教會活動〔請參考Veenhoven(1984)和Kahneman等(1999)瞭解更多與快樂相關的因素〕。

對那些不相信關於快樂的主觀度量，而傾向於使用更客觀的生活品質指標來度量快樂的人而言，情況並沒有太大不同。透過對一個時間跨度爲三十年（一九六〇～一九九〇），並包含95個生活品質指標（包括教育、健康、交通、收入不均、污染、民主、政治穩定）的資料庫的分析，Easterly(1999)獲得了令人矚目的結果。從縱向來看，所有這些指標顯示出生活品質在國與國之間和人均收入水準有正相關。但是當國別的影響被剔除之後，經濟增長對生活品質的影響變得不確定，甚至常常不復存在。「收入增加對生活品質產生的正面影響大致上和所產生的負面影響相等……在一份具有69個指標的樣本中……62%的指標隨時間變化而得到的提高，超過了增長對它們產生的正面影響」（Easterly 1999，第17，18頁）。81個指標中僅有20個呈現出和收入水準的顯著正相關性。即使是這20個指標中，也仍有10個受到時間變化的影響甚於收入的影響。

這些驚人的結果並不能歸因爲不斷惡化的收入分佈狀況，而是應當歸因於這樣一個事實：一個國家的生活品質較少依賴於該國的經濟增長或收入水準，而更多地依賴於全球科學、技術或其他方面的突破。而這些則更多地依賴於公共支出而非私人消費。

如果私人消費不能增加快樂（在社會水準上），減少私人消費的公共支出也許用金錢來衡量是昂貴的，但是用快樂來衡量卻很划算。因爲快樂，而不是金錢，才是我們生活的終極目標。用金錢而不是快樂來衡量公共支出的作用，過高地估計了其最終的成本（關於在轉型中的國家公共支出與快樂的正關係，見Perovic等 2010）。

爲何人們依然追逐金錢？私人消費的無效率

如果更多的收入不能提高快樂，爲何人們依然忙碌於對金錢的追逐？這也許可以被以下各種原因所解釋：(1)環境破壞效應，(2)相對收入或相對消費效應，(3)對適應作用（效應）估計不足，(4)非理性物質偏見。前兩者是眾所周知並且和現有的經濟學一致，但是並沒有被大多數經濟學者充分強調。後兩者則需要對經濟學進行擴展，使之超越現有的生產和偏好限制（對此，Ng 2003嘗試性地提出了一個簡單的分析）。

環境效應

對大多數產品和服務的生產和消費過程，會透過投入使用而直接或間接地對環境產生嚴重的破壞（包括不同形式的污染、擁塞、亂砍亂伐等）。理想的狀態應該是，根據對環境破壞效應所帶來社會成本的估計而徵收相應稅款。然而這一點大體上來講並沒有做到，至少做得還不夠充分。儘管許多國家都制定了關於環境保護的法規，但從全球水準來看，由於環境破壞具有重要的全球性特徵，國家性的舉措明顯不足。增長的私人消費或生產對環境品質產生了負面影響，於是，個人的理性導致了過度的消費和生產。

相對收入效應

相對收入（個人收入相對於他人的收入）的重要性早就毋庸質疑，並且從Rae(1834)和Veblen(1899)到Frank(1999)一直被經濟學者們討論著。然而，最近的研究揭示了相對地位（相對於絕對地位）的重要性，甚至達到了一種令大多數人，包括我自己在內難以置信的程度。例如，Clark和Oswald(1996)發現，在收入對快樂僅具有微弱影響的同時，收入的比較卻對快樂具有重要的影響。另一個例子是關於衛生保健領域。人們可能會預期相對地位的重要性在這一領域是很小的，而絕對地位的重要性則占上風。但是，Wilkinson(1997)指出即使是在衛生保健方面，相對地位也比絕對地位更爲重要。那些相對較窮的人，儘管具有更高的絕對收入和更好的醫療保健，其健康狀況卻比絕對收入較低，但是相對收入較高的人更差[4]。

對於個人而言，收入增加會同時提高他的絕對收入和相對收入水準。因此，收入的增加會被看得很重要。如果你孩子的朋友或同學都有昂貴的生日禮物，你也不得不給你的孩子也買一個昂貴的。如果你的朋友們都擁有了豪華轎車，你對自己那輛普通轎車的滿意度就會下降。因此，個人的最優化再一次導致了過度的消費與生產。

相對地位的重要性，以及對它的追求（可能會達到一種非理性的程度），也許可以用生物學的進化論來解釋。動物群體中處於最高地位的雄性，擁有和群體中所有適齡雌性交配的機會。這也部分地解釋了爲什麼對體育競賽的狂熱者中，絕大多數是男性。

4 關於偏好相對性的神經學上的直接證據，請參考Tremblay和Schultz(1999)，以及Watanabe(1999)。

適應效應

人們知道當他們進入一個黑暗的房間後，他們的眼睛會逐漸適應環境，並在比平時低得多的照明條件下看見東西，這種適應能力是如此之高，使得我們能夠在實際的物理照明度，因某種因素變化而相差一百萬倍以上的不同環境中，都能相當正常地視物（見Loewenstein & Shane 1999）。然而，心理學研究表明，多數人都忽略或者低估了當前消費或享受對未來快樂的消極影響，以及當前的節欲或受苦對未來快樂的積極影響(Heady & Wearing 1991)。絕大多數人都認同，當發生意外事故的時候，與其變成殘廢（失去兩條腿或是兩隻眼睛），還不如直接死去。我曾經在課堂和公開講座上讓學生或聽眾舉手表決他們對以上兩種選擇的偏好。不同場合下得到的結果，大致上都是3:1，即選擇直接死去的人數是選擇變成殘廢的人數的三倍。多項研究表明，四肢癱瘓的人的快樂程度只比健全的人的快樂程度低了一點(Brickman等 1978)。經過一段時間的調整，嚴重癱瘓的意外事故受害者的快樂程度，會逐漸回歸到接近於事故發生以前的水準，而且他們因爲自己沒有死亡而感到慶幸。

許多人花很多錢和時間來買彩票，但是卻有證據表明，中獎的人並不比未中獎的人快樂(Brickman等 1978)。的確，在贏錢之後，他們會一度很開心，但是他們的快樂水準很快會在幾周內降低到原來的水準。他們原本以爲在贏錢後就可以過上一種快樂得多的生活，但是這個願望卻落空了。因此，每週花費一筆錢，比方說10元，消耗時間與精力，來追求僅僅6元的預期回報，這實在不是一件划算的事情，除非你能從做一朝暴富的白日夢裏中得到大量的快樂（進一步說，如果暴富對快樂沒有眞正的影響，那麼這種白日夢也同樣沒有任何理性基礎）。很明顯，我們都受制於巨大的適應效應，這使得我們的福祉在很大程度上取決於參考點的選擇，而非簡單取決於實際水準。然而，社會個體似乎不能夠預測到他們的參考點的變化(Frijters 2000)。因此，大多數人會過分地強調掙錢的重要性。

過度的物質主義傾向

大多數人們都知道動物，例如老鼠、松鼠、螞蟻和蜜蜂等，會本能地儲存食物。顯然，食物的儲存提高了動物生存和繁殖適應性，因爲它降低了死於饑餓的概率。類似地，人類也有著這種與生俱來的儲物本能。在現代商業社會中，這展現爲人們對金錢不知厭倦的追求，甚至犧牲了對快樂更爲重要的東西，例如友誼、家庭和自由（即違反法律），而達到了一種減低人們福祉的程度。雖然人類的確是地球上最理性的生物，但是我們仍然並不是完全理性的，部分是因爲設計（在遺傳基因上）實現完全理性的成本過高，部分則是因爲進化主要取決於物種的適應性而非其福祉(Ng 1995，1996b)。

我們是在一個以消費爲導向的社會中成長的。在這種社會中，商業廣告無時不在，無所不在，激勵著我們去消費更多的商品和服務。很多廣告活動不但造成過度的消費，更給人們帶來了不快樂。正如某大型商業機構的一個最高層管理者所承認的那樣，「我們的工作就是讓婦女們對其所擁有的感到不快樂」〔被引用於Walsh & Gillespie（1990，第5頁）〕。之所以存在這樣一種過度著重消費的傾向，是因爲人們只能透過賣出商品或服務來獲取利潤，而不是透過出售閒暇或快樂這樣的東西。我們的儲物本能因此被有力地和廣告結合在一起，從而創造出一種強烈導向過度物質主義的傾向。這種傾向進一步和相對消費效應相結合，最終導致過度的消費。

一個評論家曾質疑，如果更高的收入沒有讓我們更快樂，那麼，爲什麼我們要去追求它？事實上，個人收入提高會使得一個人的快樂得到輕微增加，但是正如我們在前文所討論的那樣，這種微弱的效應從全社會來看，在很大程度上會被相對收入效應所抵消。其次，絕大多數個人並沒有充分認識到更高的消費在本質上無益長期快樂的提高。這部分是人們對強有力的適應效應缺乏充分認識所導致的。我們已經在上文提到了這一點（就這一觀點還可參考Lane 2000）。最後，個人也許並不是完全理性的。

筆者把自己看作是人類中理性水準最高的1%的一員。然而，如果你把我和一個非常迷人和有吸引力的姑娘鎖在一個房間裏，我會很情願選擇和她上床，即使我知道感染愛滋病的風險會嚴重損害我的預期福祉。這的確會發生，儘管我同意，在理性上如果不考慮對他人的影響，我會按照極大化自己預期福祉的方式行事（更多的細節請參考Ng 2000b, CH.4）。

經濟學者對公共支出成本的過高估計

非經濟學者通常會把1元公共支出的成本算作1元。然而，經濟學者則通常會對它做出高於1元的估算。最近，Feldstein(1997)對此所作的估計結果是2.65元。把公共支出的成本估計得這麼高，也就意味著只有當公共專案所預期產生的效益很高時，它才會被判定是值得實施的。這種想法，也許部分地解釋了全球出現削減公共支出潮流的原因。

公共稅收的成本不僅包括其直接成本（稅負總額），而且還包括行政成本、報稅(compliance)成本、監查(policing)成本、以及對市場的扭曲。前三種成本儘管構成了稅收的實質性負擔，但是它們並不隨稅收額度的增加而發生明顯變化。因此，經濟學者在討論公共支出的邊際成本時，主要強調的是稅收對市場扭曲所引致的成本或者說額外的負擔。這種負擔歸因於稅收扭曲了個人的自由選擇，尤其是對個人工作努力的抑制，亦即負激勵效應。至少從Pigou(1928)開始，經濟學者們就開始強調公共品的績效必須超過其直接成本達到一定的額度，以便能夠彌補因稅收而引致的額外負擔。一本權威的現代教科書（Stiglitz 1988，第140頁）是這樣闡述Pigou的原理的：「提供公共品的成本會因爲稅收帶來（市場）的扭曲而增加。正常情況下，這意味著有效率的公共品規模應當小於不存在稅收扭曲條件下的規模。」人們已經知道，因爲公共品和私人物品之間的補償效應或替代效應的存在，這個一般性原則會受到限制[5]。人們還發現了一些特殊的情形或條件，在這些情形或條件下，有效率的公共品規模並不受上述因素的影響[6]。

和這些非本質性的限制及特殊的情況形成鮮明對比，Kaplow(1996)對Pigou原理發動了一次全面的衝擊。他提出，透過對所得稅做出一項調整從而抵消公共品產生的好處之後，對公共品的融資就不再帶來額外的扭曲。

對原有的所得稅方案加以調整，使得在每一個收入水準上，稅收的變化正好可以

5 參考Atkinson & Stiglitz（1980）；King（1986）；Batina（1990）；Wilson（1991）；Chang（2000）。

6 參考Christiansen（1981）；Boadway & Keen（1993）；Konishi（1995）。

抵消公共品帶來的好處。從結構上看，個人在每一工作努力水準上獲得的淨收入將不會被改變；任何因稅收的調整而引起可用收入的減少，都會被公共品帶來的好處所平衡。由於一個人稅後效用作爲其工作努力水準的函數並未發生變化，因此他對工作努力水準的選擇以及效用水準，也將不受影響（Kaplow 1996，第514頁）。

舉例來說，如果一種公共品的好處和納稅人的收入水準成正比，那麼對它的融資應該採用（或者遞增）比例所得稅。這種比例所得稅可能會產生一種負激勵效應。但是如果把稅收和公共品放在一起來看，這種負激勵效應就不見了。假設對每100元的收入徵收20元的稅，在這種情況下掙錢的激勵是否會比那種沒有稅收的情形更低呢？當所有的稅收所得都被扔進大海中的時候，激勵的水準的確會下降。然而，在正常的情況下，稅收會被用於公共支出，所帶來的好處（以貨幣衡量）會超過或者至少不小於人們繳納的稅款（否則，公共支出是無效率的，即使成本收益的比率被設定爲一）。假設稅收被用於產權的保護，這種公共服務的好處大致上是和收入水準成比例的。那麼，個人在實際中可能會有更高的激勵去掙受到保護的80元而非不受保護的100元。

儘管Kaplow的觀點在存在逃稅或同收入水準個人異質性的條件下，或者在人們從公共品種的受益，更多地取決於能力相關而非收入水準的時候，會受到限制，但是其主要的思想精髓卻是正確的(Ng 2000a, 2000b)。那麼，我們又該如何對Kaplow的觀點和正統關於公共支出具有高成本的立場進行協調呢？首先，Feldstein(1997)所得到的2.65元的高估計值，實際上把政策希望實現的影響也納入了非意願的扭曲。他強調說，更高的稅率不僅有可能減少勞動和資本的供給，而且會改變人們對此進行補償的形式，包括採用更多享受稅收減免的東西。但是，在正確地考慮到爲享受稅收減免而引致過於奢侈的工作條件之外，他也把其他一些稅收減免項目，例如「慈善性贈與和衛生保健」等納入了扭曲的範疇。而這些項目，實際上正是社會或者政府基於正外部性（例如對傳染性疾病的預防）、減少貧困、或者有益性需求(merit wants)等理由，而鼓勵和提倡的（儘管最後這項理由具有爭議性）。假定稅收減免的範圍恰到好處，就不會有淨扭曲產生。或者說，不利的扭曲正好被好處所抵消了。

其次，Feldstein對公共支出成本的高估計，忽略了Kaplow(1996)的觀點。雖然一元的公共支出在稅收方面引致的成本超出一元，超出部分卻很可能會被花費這一元的公共支出所帶來的正向激勵（或者負的負激勵）效應所抵消。即便公共支出的好處並不和收入有正相關，從而並不在支出方面產生正向激勵效應，而只存在稅收方面的負激勵效應，公共支出至少還會因爲富人承擔了比窮人更多的稅收而帶來分配方面的好處(Kaplow 1996; Ng 2000a)。

由於高稅率還會引起更多的逃稅避稅，並且由於有時候公共品的好處，僅僅與不可觀察的掙錢能力而非可觀察的收入水準相聯繫，從而花費公共支出帶來的正向激勵效應，可能不足以抵消因徵稅而引致的扭曲效應，因此，即使將上述兩方面綜合起來考慮，每一元公共支出的成本可能依然會超過一元。但是，由於上文所提及的因素，會使每一元公共支出的成本大爲下降（可能會大大低於一元而接近於零），或者使公共支出的好處大大超出經濟學者們的估計。關於收入和消費的一般性稅收，儘管其設計的主要目的是爲了獲取稅金，但事實上也可以作爲一種反環境破壞的手段來加以運用。因此，不但不會引起扭曲，稅收反而可能有校正的作用。與其說稅收會有額外負擔或者引起扭曲，不如說稅收也可能增進效率。相對收入效應也會導致人們偏向私人支出。在大多數估計中，私人支出的邊際收益，很可能會被認爲是包括絕對收入或者固有的消費效應，加上內在的或者直接的相對收入效應（這兩者的總和構成私人消費對個人的價值），但是卻不包括負的外在的或者間接的相對收入效應。這促成了一種對私人消費的過分強調，進而導致了低於最優的公共支出規模(Ng 1987)。過度物質主義傾向以及對適應效應的不充分認識，意味著爲了維持更高的公共支出而減少私人消費的機會成本，並不像很多人想像的那麼高。

除了上面這些考慮，還有另一個因素會讓公共支出的成本降低到一般人所相信的水準之下。這個因素就是無負擔稅收的存在。當許多經濟學者都認識到校正性的稅收，例如對污染的徵稅，會帶來負面的額外負擔或者正面效率收益的同時，無負擔稅收則被看作是僅存在於天堂的神話。但是，對一些特定的物品，對其徵稅不僅不會帶來任何額外的負擔，而且根本沒有負擔，即使我們完全忽略上文的有關因素。這些物品就是純鑽石物品或者那種其價值僅僅取決於交換價值，而不取決於其固有消費效應的物品。人們消費或者持有這種物品來炫耀他們的財富，用來作爲有價值的收藏品或者禮物。氧化鋯晶體從外表上看起來與高品質的鑽石一般無異，而其價格僅是後者的一個很小比例。然而，沒有人會送給他的未婚妻一個氧化鋯的訂婚戒指。因爲像鑽石這種物品，進入消費者效用函數的是它的價值（價格乘以數量），而不是像經濟學分析所設想的那樣僅僅是其數量。當這類物品的價格因爲稅收增加而提高的時候，消費者可以花費相同金額獲得相同的價值，而不會有任何損失。徵得的稅款是純粹的收益，意味著可以對它們任意徵收高稅(Ng 1987)。雖然很多物品（大多數貴重金屬和寶石，以及多數商品尤其是那些比較引人注目的頂級名牌，例如汽車和紅酒）都具有不同程度的鑽石效應，確實只有少數物品是純粹的鑽石物品。儘管如此，對混合鑽石物品徵收很高的稅依然是有效率的。並且，當一些消費者在消費混合物品的價值方面（例如炫耀）的願望過於強烈，進而在實質性的消費方面引起負效用（例如對健康有危害的過量飲酒）的時候，對這些物品徵稅，實際上還會使消費者得利（可以相同程度地炫耀而不必過度飲酒）(Ng 1993)。

研究不足的幾個具體領域

在一本條理清晰、引人入勝的書中，Frank(1999)（參見de Graaf等 2002）具體地列出了在美國關於炫耀物品的私人消費中所存在的巨大浪費（與前文討論過的相對消費效應相關），並且討論了一些具體的領域，在這些領域中額外的公共支出，將很明顯地帶來遠遠超過其機會成本的福祉增進。

Frank說，一個世紀以後，那些閱讀了我們這個時代歷史的人們，將會對我們現在爲削減或抵制那麼多明顯有益的公共項目，而提出的諸多辯解和論據感到疑惑不解。他們會想知道，例如，爲何我們（指美國；本段下同）無力更換不斷惡化的地方供水系統，從而使數百萬的家庭面臨著過高的鉛、錳以及其他重金屬的毒害。他們無法懂得，爲何我們不能採用更嚴格的空氣品質標準，來避免數以百萬計的嚴重病患以及成千上萬的過早死亡；或者，爲何我們不能僱用更多地牛肉檢疫員以應付來自E-coli 0157細菌越來越大的致命威脅。他們會因爲我們捨不得花錢來維護我們的街道、高速公路和橋樑而感到困惑。同樣，對他們而言難以理喻的事，儘管我們很富有，但是卻缺乏足夠的金錢來幫助我們的公共學校引進最好的和最聰明的教師（第253，254

頁）。蘭德公司的一項研究估計出如下結果：用於可卡因預防和治療項目的每一元支出，可以幫助節省七元的治安和醫藥治療費用。然而我們卻一味地說我們無力支付這些項目（Frank 1999，第62頁）。

以上這一清單可以被很容易地加以擴充。例如，下面這幾個例子就可以說明，在提高人們福祉方面，確實還有很多研究要做。

被Feldstein(1997)看作公共財政領域最核心問題，關於合適的公共部門規模的研究課題，至今還沒有被怎麼研究過。例如，幾乎沒有研究者把相對收入和快樂這樣重要的話題和這一核心問題連結起來。雖然我們已經開始討論這個或者上文所提及其他可與相關的話題，但更多的分析和量化研究卻仍然缺乏。

雖然人們已經開始研究一些特定藥物和化學成分所具有的效果，一項更加廣泛地追蹤不同類型的食物、藥物和活動，對一個包含不同年齡和健康狀況（而非僅包含那些住院治療的人）的足夠大的樣本人群（至少包含數以萬計的樣本量），在長期中（至少數十年）的影響，從而揭示出它們所具有好的與壞的、短期或長期的各種效果的研究，將是很有價值的。雖然這一研究的成本會很高，但我們將同時獲得關於成千上萬種事物大量有用知識。一項分析建議，「即使考慮到激勵的扭曲，醫療進步從中獲取的潛在收益仍是巨大的……很容易證明……合理的支出應當遠高於現有的水準」

(Murphy & Robert，2000)。

對腦中某個特定的快樂神經中樞進行刺激，能減少劇烈的疼痛並引起強烈的快感，並且在不帶來毒癮那種不利於健康的副作用和邊際效用遞減的條件下，促進幸福感的產生（詳見本書第9章）。爲什麼不對此方法進行完善研究，使之普遍使用而幫助人們增加快樂、減少沮喪，並解決許多社會和精神問題呢？

總結

從上文所討論的各種因素來看，公共支出的成本已經被嚴重高估了。如果有可能的話，消除公共支出中的無效率當然是好的。然而，正是公共支出的增加，尤其是在教育、科研和環境保護等方面公共支出的增加，眞正提高了我們的福祉。最近出現遏制公共支出增長的趨勢，可能是非常沒有效率的。事實上，經濟增長提高了公共支出的最優比例，並且，由於未能直接處理環境問題，即使公共支出和環保開支的金額達到了最優水準，經濟增長仍可能會降低社會福祉(Ng & Ng 2001)。

除了上述考量，公共支出在科研和環境保護問題，還可能因爲它本身長期性和全球公共品的性質，而成嚴重地偏離最優水準。科技進步和更清潔的環境對全世界及子孫後代都有益。即使不考慮我們在上文中所討論的那些導致高估公共支出成本因素，各國政府只考慮短期效果而做出的決定，也會導致在這些領域的公共支出不足。這意味著有必要推動國際間合作，來增加對科研和環境保護的注資。事實上，上文談到的相對收入效應不僅適用於個人，也同樣適用於國家，其結果是圍繞收入增長的國際競爭、反對公共支出的偏見以及對環境惡化的忽視。這些進一步強調了國際合作的必要性。這種合作的成功，將部分地依賴於本附錄所探討的這些觀點能夠得到廣泛認同。

當然，公共支出必須用在有利人民的地方，才會對快樂有貢獻；如果是用在不正義的戰爭，或被少數官員貪污掉，其作用很可能是負的。中國在富民強國上，還有好長的道路要走，包括發展大西北與窮困的農村等。不過，隨著經濟水準的繼續提高，是否應該更加重視眞正能夠增加人們快樂的東西？與其鼓勵城市的高消費，不如投資在公共衛生、教育、環保與科研。但政府機關長期人員與權力有餘，而服務與成效不足。要使政府支出能眞正用在對人民有利的地方，輿論監督等配套措施已經是刻不容緩了。

參考文獻

一、中文書目

大衛・塞爾旺－施萊伯(2010)。幸福不找有錢人，《心理月刊》八月二十七日，黃鈺書譯，轉錄自《意林》編輯部(2012)，第181頁。

陳前恒、林海、呂之望(2014)。村莊民主能夠增加幸福嗎？《經濟學季刊》，13(2):723-44。

方東美(1980)。《中國人生哲學》，臺北：黎明出版社。

傅佩榮(1989)。《儒家與現代人生》(*Confucianism and Modern Life*)，臺北：業強出版社(Taipei: Ye Qiang)。

李遠哲(2000)。《中國時報》，十二月七日，第7版報導。

黃有光(2001)。《親身經歷華人社會的民主制度》，《人民法院報》，十二月二十一日，第B2頁。

黃有光(2002)。《經濟與社會：黃有光看世界》，經濟科學出版社。

黃有光(2008a)。快樂應是人人與所有公共政策的終極目的，《經濟學家茶座》，37:4-14。

黃有光(2008b)。《黃有光自選集》，山西經濟出版社。

黃有光(2010)。《從綜觀經濟學到生物學》，復旦大學出版社，2010。

黃有光(2011a)。《從諾貝爾獎得主到凡夫俗子的經濟學謬誤》，復旦大學出版社。
黃有光(2011b)。《宇宙是怎樣來的？》，復旦大學出版社。
王玉霞(2000)。《經濟學家茶座》第5輯，有關汽車一文。
《意林》編輯部(2012)。《幸福書》，吉林出版集團。
銀慶貞、陶宏麟、洪嘉瑜(2012)。補習對考大學眞的有用嗎？《經濟論文叢刊》，40(1):75-120。
于席正，江莉莉(2012)。試論消費決策與幸福：動機—精神力場—行爲假說，《經濟學（季刊）》，11(3):969-96。

二、英文書目

AHUVIA, Aaron (2008). If money doesn't make us happy, why do we act as if it does? *Journal of Economic Psychology,* 29: 491-507.
BENJAMIN, Daniel J., HEFFETZ, Ori, KIMBALL, Miles S. & REES-JONES, Alex (2012). What do you think would make you happier? What do you think you would choose? *American Economic Review*, 102(5): 2083-2110.
EASTERLIN, Richard A. (2013). Happiness, growth, and public policy, *Economic Inquiry* 51 (1): 1-15.
HSEE, Christopher K. & ZHANG, Jiao (2010). General evaluability theory. *Perspectives on Psychological Science*, 5(4): 343-55.

LYUBOMIRSKY, Sonja (2008). *The How of Happiness: A Scientific Approach to Getting the Life You Want*, New York: Penguin.

NG, Yew-Kwang (1979/1983). *Welfare Economics: Introduction and Development of Basic Concepts*. Macmillan, London.（中譯《福祉經濟學》）

PIGOU, A. C. (1912/1929/1932). *Wealth and Welfare*. Later editions (1920, 1924, 1929, 1932) assume the title The economics of welfare. Macmillan: London.

STEVENSON, Betsey & WOLFERS, Justin (2013). Subjective Well-Being and Income: Is There Any Evidence of Satiation? *American Economic Review Papers and Proceedings*, 103(3): 598-604.

VEENHOVEN, Ruut (1993). *Happiness in Nations: Subjective Appreciation of Life in 56 Nations 1946-1992*. RISBO, Rotterdam.

YE, Dezhu, NG, Yew-Kwang, LIAN, Yujun (2014). Culture and happiness, *Social Indicators Research*, forthcoming.

ZHOU, Haiou (2012). A new framework of happiness survey and evaluation of national wellbeing. *Social Indicators Research*, 108(3): 491-507.

※英文書目繁多，未一一列出，請上本公司網站查詢完整英文書目（http://www.wunan.com.tw/）。

職場專門店　書系

成功撰寫行銷企劃案

薪水算什麼？機會才重要！

培養你的職場超能力

超強房地產行銷術

打造 **No.1** 大商場

國際商展完全手冊

優質秘書養成術

主管不傳的經理人必修課

面試學

圖解山田流的生產革新

圖解經濟學：最重要概念

圖解彼得杜拉克・
管理的智慧

最實用 圖解

五南圖解財經商管系列

※最有系統的圖解財經工具書。
※一單元一概念，精簡扼要傳授財經必備知識。
※超越傳統書籍，結合實務與精華理論，提升就業競爭力，與時俱
※內容完整、架構清晰、圖文並茂、容易理解、快速吸收。

五南文化事業機構
WU-NAN CULTURE ENTERPRISE

地址：106台北市和平東路二段339號4樓
電話：02-27055066 ext 824、889
http://www.wunan.cor
傳真：02-27066100

五南文化廣場

橫跨各領域的專業性、學術性書籍
在這裡必能滿足您的絕佳選擇！

五南全國展售門市

海洋書坊	：202 基隆市北寧路2號	TEL：02-24636590	FAX：02-24636591
台大店	：100 台北市羅斯福路四段160號	TEL：02-23683380	FAX：02-23683381
逢甲店	：407 台中市河南路二段240號	TEL：04-27055800	FAX：04-27055801
台中總店	：400 台中市中山路6號	TEL：04-22260330	FAX：04-22258234
嶺東書坊	：408 台中市南屯區嶺東路1號	TEL：04-23853672	FAX：04-23853719
環球書坊	：640 雲林縣斗六市嘉東里鎮南路1221號	TEL：05-5348939	FAX：05-5348940
高雄店	：800 高雄市中山一路290號	TEL：07-2351960	FAX：07-2351963
屏東店	：900 屏東市中山路46-2號	TEL：08-7324020	FAX：08-7327357
中信圖書團購部	：400 台中市中山路6號	TEL：04-22260339	FAX：04-22258234
政府出版品總經銷	：400 台中市軍福七路600號	TEL：04-24378010	FAX：04-24377010
網路書店	http://www.wunanbooks.com.tw		

專業法商理工圖書 · 各類圖書 · 考試用書 · 雜誌 · 文具 · 禮品 · 大陸簡體書
政府出版品總經銷 · 中信圖書館採購編目 · 教科書代辦業務

博雅文庫 122

快樂幸福學・幸福學快樂

作　　者　黃有光
發 行 人　楊榮川
總 編 輯　王翠華
主　　編　張毓芬
責任編輯　侯家嵐
文字編輯　12舟　許宸瑞
封面設計　盧盈良

出　　版　五南圖書出版股份有限公司
地　　址　106台北市和平東路二段339號4F
電　　話　（02）2705-5066
傳　　真　（02）2709-4875
劃撥帳號　01068953
戶　　名　五南圖書出版股份有限公司
網　　址　http://www.wunan.com.tw
電子郵件　wunan@wunan.com.tw
法律顧問　林勝安律師事務所　林勝安律師
出版日期　2015年2月初版一刷
定　　價　新台幣320元

有著作權翻印必究（缺頁或破損請寄回更換）

國家圖書館出版品預行編目資料

快樂幸福學・幸福學快樂／黃有光著.
-- 初版. -- 臺北市：五南, 2015.02
面；公分

ISBN 978-957-11-7983-4(平裝)

1.快樂 2.生活指導

176.51　　104000059